DESCRIPTIONS
DES ARTS
ET MÉTIERS.

DESCRIPTIONS *DES ARTS* ET MÉTIERS,

FAITES OU APPROUVÉES

PAR MESSIEURS

DE L'ACADÉMIE ROYALE DES SCIENCES.

AVEC FIGURES EN TAILLE-DOUCE.

A PARIS,

Chez { SAILLANT & NYON, rue S. Jean de Beauvais;
DESAINT, rue du Foin Saint Jacques.

M. DCC. LXI.

Avec Approbation & Privilége du Roi.

L'ART DE FAIRE DES CHAPEAUX.

Par M. l'Abbé NOLLET.

M. DCC. LXV.

L'ART DE FAIRE DES CHAPEAUX.

Par M. l'Abbé NOLLET.

On feroit sans doute un Ouvrage curieux & important à l'Histoire, si l'on pouvoit recueillir & faire connoître toutes les sortes de coëffures que les hommes de tous les temps & de toutes les parties du monde ont imaginées pour défendre leur tête contre les injures de l'air, pour se décorer, ou pour leur servir de marques distinctives. Et quand on se borneroit à décrire seulement celles qui sont en usage aujourd'hui parmi les diverses Nations, il y auroit encore de quoi disserter assez longuement & d'une maniere intéressante. Mais ce n'est point-là mon objet : je me propose uniquement de consigner dans cet Ecrit les matieres qu'on employe, & les différentes façons qu'on leur donne pour fabriquer cette espece de bonnet à large bord, que nous appellons *Chapeau*, & qui fait lui seul, l'objet d'un Art assez étendu, & distingué dans le Commerce.

On fait des Chapeaux de paille, de joncs, de canne tressée; on en fait de crin, on en fait de carton couvert de taffetas ou de satin de toutes les couleurs; & l'on en peut faire encore de bien d'autres matieres; mais ces ouvrages légers & de fantaisie, qu'on n'employe guere que pour se garantir du soleil dans les campagnes, & qui appartiennent à différents arts, n'ont presque rien de commun que le nom, avec ceux que j'ai présentement en vûe : je ne veux parler ici que des Chapeaux *feutrés*, c'est-à-dire, de ceux dont l'étoffe n'est ni filée, ni ourdie, ni tressée, mais composée de parties confusément mêlées en tous sens, & qui a pris consistance par la façon particuliere dont elle a été préparée, maniée, & pressée.

Les François ne portent point d'autres Chapeaux feutrés, que ceux qui se ſont dans leur pays; deux raiſons les y engagent : la premiere, c'eſt qu'il ne s'en fait nulle part ni de plus beaux ni de meilleurs; la ſeconde, c'eſt que cette marchandiſe eſt ſujette à un droit d'entrée aſſez fort (*a*) pour en dégoûter ceux qui auroient la fantaiſie d'en faire venir du pays étranger. Ce qui fait l'éloge des Chapeaux de France, c'eſt que depuis long-temps, les Nations qui n'en fabriquent point, & qui ſont obligées d'en acheter ailleurs que chez elles, nous donnent conſtamment la préférence; ce ſont nos Chapeliers qui font preſque tout le commerce de l'Eſpagne, & la plus grande partie de celui de l'Amérique : ils envoyent même en Portugal, quoiqu'il y ait de gros droits à payer, pour favoriſer le commerce des Anglois.

Il en eſt des Chapeaux, comme de toutes les autres marchandiſes fabriquées, il y en a de communs & à bas prix, pour les Nègres, pour les Soldats, pour le Peuple, pour les gens de la campagne (*b*) : il y en a de plus fins & de plus chers pour ceux qui peuvent & qui veulent y mettre le prix; il s'en fait de ceux que j'ai nommés les premiers, dans preſque toutes nos Provinces, mais plus particuliérement en Normandie, aux environs de Rouen, de Caudebec, à Neuchâtel, &c; & dans le Dauphiné, aux environs de Grenoble. Ceux de la ſeconde ſorte, c'eſt-à-dire, ceux qui ſont plus fins, ſe fabriquent pour la plus grande partie à Paris, à Lyon, à Marſeille & à Rouen, & de ces quatre grandes Villes, c'eſt la premiere qui a le plus de réputation pour les Chapeaux fins. Mais quoiqu'il ne ſe faſſe point de Chapeaux communs dans ces grandes Villes, parce que la main-d'œuvre y eſt trop chere, il ne laiſſe pas que de s'y en débiter; les Chapeliers de la province y en apportent qui leur ont été commandés par les maîtres qui en tiennent magaſin dans la Capitale, ou qu'ils viennent leur offrir pour en avoir le débit. A Paris, tous ces Chapeaux qui viennent du dehors, doivent être portés au bureau de la Communauté des Maîtres Chapeliers, où ils payent un droit; les Jurés les viſitent, en fixent le prix, après quoi les Chapeaux ſont lotis & diſtribués aux Maîtres de la Ville qui ſe préſentent pour les acheter, & en fournir leurs magaſins : mais ce commerce, depuis quelques années, eſt tombé de beaucoup, parce que la fourniture des troupes ne ſe fait plus à Paris, comme elle s'y faiſoit auparavant. Ce qui fait encore que dans Paris le Peuple uſe peu de Chapeaux de laines, c'eſt qu'il s'y fait un commerce conſidérable de vieux Chapeaux fins.

Je diviſerai en quatre Chapitres, ce que j'ai à dire ſur l'art du Chapelier.

Dans le premier Chapitre je ferai connoître les matieres qui entrent dans la compoſition des Chapeaux; je dirai d'où on les tire, comment s'en fait le commerce, le choix qu'il en faut faire, & combien on les paye.

Dans le ſecond, je parlerai des préparations qu'on donne à ces matieres;

(*a*) Un Chapeau de caſtor venant d'Angleterre, paye environ 20 liv. d'entrée.

(*b*) Il y a de ces Chapeaux communs pour les Iſles, qui ſe vendent à 20 ſols piéce. Ceux-là ſe font dans la Provence & dans le Languedoc.

pour les rendre propres à la fabrique des Chapeaux, & comment on les conserve.

Le troisieme comprendra la fabrique du Chapeau proprement dite, c'est-à-dire, la maniere d'en former l'étoffe, & celle de lui donner la consistance & la forme convenable.

Enfin, j'exposerai dans le quatrieme Chapitre tout ce qui concerne la teinture des Chapeaux, & les différentes façons qu'on leur donne après qu'ils sont teints.

CHAPITRE PREMIER.

Des matieres dont on fabrique les Chapeaux.

Les premiers Chapeaux ont été faits avec la laine de moutons ou d'agneaux: la plus grande partie se fait encore aujourd'hui de cette matiere, parce qu'il n'y en a pas qu'on puisse avoir à meilleur marché, & qui soit en même temps aussi propre qu'elle, à former cette espece d'étoffe, qu'on appelle *Feutre*. Pour les ouvrages de bas prix, le Chapelier employe celle qui se trouve dans le pays même où il est établi, ou dans les environs: & souvent par des vûes d'œconomie, il y mêle des matieres encore plus communes, pourvû qu'il y trouve, ou qu'il puisse leur faire prendre, ce qu'il appelle *la qualité feutrante*, c'est-à-dire, une certaine disposition à s'unir intimement & uniformément avec la laine, & à faire corps avec elle, disposition dont je parlerai particuliérement dans le second Chapitre.

De-là vient, que ces Chapeaux grossiers le sont plus ou moins, suivant la qualité des laines du pays, & suivant la nature des matieres qu'on fait entrer avec elle dans leur composition. En Bourgogne, par exemple, & dans le Nivernois, où l'on tue beaucoup de chevreaux, leur poil, qui n'est presque d'aucune valeur, s'employe utilement dans les Chapeaux, & les rend plus fins, dit-on, que s'ils étoient de laine pure. Mais dans la Touraine, dans l'Anjou, & dans une grande partie du pays qui borde la Loire, les Chapeliers tirent des tanneries, du poil de veau, qu'ils ont presque pour rien, & qu'ils mêlent avec la laine : cela fait de vilains Chapeaux; mais les gens de la campagne s'en accommodent à cause du bon marché.

Les plus beaux Chapeaux de laine sont ceux qui se font dans le Dauphiné, aux environs de Grenoble; on en fait aussi de fort beaux en Normandie, & sur-tout dans les endroits que j'ai nommés ci-dessus; on y fabrique non-seulement avec les plus belles laines du pays, mais on en tire encore beaucoup du Berry, de la Champagne, de la Sologne, provinces renommées pour cette espece de marchandise.

Pour la fabrique des Chapeaux, ce n'est point la laine la plus longue qui est la plus estimée ; ce sont au contraire les laines courtes à qui l'on donne la préférence ; & c'est pour cela, que l'on employe le plus qu'on peut, celle des agneaux ou des jeunes moutons, & que dans les toisons des brebis, on fait choix des gorges & collets, qu'on appelle *basses laines* dans les autres manufactures, & qu'on ne file guere que pour en faire des trames.

Dans les campagnes & dans les petites villes de province, les Chapeliers achetent leurs laines immédiatement, & quand ils le jugent à propos, des laboureurs & des bouchers, ou de quelque marchand forain qui se charge de les faire laver & dégraisser ; dans les grandes villes, & généralement dans tous les lieux où il se fait une grande quantité de Chapeaux, les fabriquants comme tels, pourroient en vertu d'un Arrêt du Conseil du 9 Mai 1699, portant réglement pour le commerce des laines de France, & d'un autre Arrêt en interprétation de celui-ci, daté du 2 Juin suivant, les fabriquants, dis-je, pourroient dès le commencement du mois de Mai, c'est-à-dire, environ deux mois avant la tonte des moutons, enarrher chez les fermiers & laboureurs, la quantité de laines dont ils jugeroient à propos de s'approvisionner ; mais comme dans la Chapelerie on n'employe guere que des laines courtes, celui qui tient une manufacture de cette espece, au lieu de jouir de ce droit, aime mieux ordinairement avoir affaire à un marchand, ou à quelque commissionnaire qui lui fournit selon le besoin, la laine qui convient le mieux à son art.

Il arrive encore très-souvent que l'ouvrier qui fabrique, n'y met que son travail avec celui de ses compagnons, & les frais de la teinture ; il reçoit ses laines d'un marchand Chapelier, qui en fait les avances, & il lui rend une certaine quantité de Chapeaux, du poids convenu entre-eux, à tant la douzaine. Outre les laines de France, nos Chapeliers font usage aussi des laines étrangeres, qui sont plus fines ; ils tirent d'Hambourg une laine courte, frisée, & presque toute blanche, qui vient apparemment de la tonte des agneaux ; car on la nomme *agnelins d'Hambourg* ; ils employent encore une autre laine qui vient de Perse, & que les uns appellent *Carmeline*, & les autres *Carmenie* ; je crois qu'il faut dire *Carmenie*, parce qu'il y a toute apparence que cette laine est la même dont Tavernier (*a*) parle d'une maniere si avantageuse, & dont le commerce se fait, selon lui, dans le Kerman, province de Perse, qui portoit ci-devant le nom de *Caramanie* ; il est très-probable que les Négociants auront corrompu ce mot, & en auront fait celui de *Carmenie*, prétendant donner à la laine, le nom du pays d'où on la tire. Je ne crois donc point que cette marchandise soit, comme le dit Savary (*b*) dans son Dictionnaire du Commerce, la laine ou le poil de Vigogne, de la seconde qualité, d'autant moins que celle-ci, comme il le dit lui-même, vient du Pérou par l'Espagne.

Quoi qu'il en soit, la Carmeline ou Carmenie qu'on m'a montrée, & que j'ai examinée

(*a*) Voyage de Perse.
(*b*) Dictionnaire du Commerce, à l'article *Vigogne*.

examinée, m'a paru ressembler mieux à la laine de mouton ou d'agneau, qu'au poil de vigogne; & pour la couleur, je la trouve telle que nous l'annonce le Voyageur cité ci-dessus, en parlant des laines du Kerman, d'un brun clair, & d'un gris-cendré; car il y a des toisons où ces deux couleurs dominent, & dans chacune, c'est toujours la laine du dos qui est la plus foncée en couleur; celle du ventre, des cuisses, & des flancs, est d'un gris beaucoup plus clair, souvent même il y en a un peu de blanche: mais les Chapeliers sont dans l'habitude de n'en distinguer que de deux sortes, l'une qu'ils appellent *rouge*, & l'autre qu'ils nomment *blanche*; c'est la premiere qu'ils estiment le plus, & qui est ordinairement de 20 sols par livre plus chere que la seconde.

Ce que les Chapeliers employent sous le nom de *laine d'Autriche*, m'a paru être du poil de chevre ou de chevreau, d'un gris-cendré; il n'y a point d'apparence que ce soit le duvet d'autruche, comme on pourroit l'imaginer, d'après ce que dit Savary (*a*): « Le poil ou le duvet d'Autruche, dit-il, est de » deux sortes, le fin & le gros; le fin entre dans la fabrique des Chapeaux com- » muns, tels que sont ceux de Caudebec, &c. » Plusieurs Chapeliers de Paris, & fort instruits de leur commerce, à qui j'en ai parlé, m'ont assuré qu'on n'employoit le duvet d'aucun oiseau dans la Chapélerie; & si l'on consulte la description très-circonstanciée de l'autruche, par M. Perreau (*b*), on verra que cet oiseau n'a point de duvet comme les autres, & que si l'on trouve dans sa dépouille quelque chose qui approche de cela, ce n'est ni dans la quantité, ni avec la qualité nécessaires pour faire un objet de commerce, & encore moins pour entrer dans la fabrique des Chapeaux de bas prix.

Rien n'approche plus des laines étrangeres dont je viens de parler, que le poil de vigogne, qui est un quadrupede du Pérou fort ressemblant à nos moutons, mais beaucoup plus grand. On voit par les toisons qu'on nous envoye entieres, & roulées en paquets ronds, que ces animaux ne sont pas tous de la même couleur; les uns sont d'un brun-roux, les autres sont d'un gris-cendré, & à tous, la laine du dos est plus foncée que celle du ventre, des cuisses & des flancs, où il se trouve même un peu de blanc. Les Chapeliers n'en distinguent que de deux sortes, celle qu'ils nomment *rouge*, & celle qu'ils appellent *blonde*: la derniere est celle qu'on estime le moins pour les Chapeaux; parce qu'elle est trop tendre: ce sont les Bonnetiers qui en font le plus d'usage.

Les laines étrangeres ne s'employent pas seules: elles seroient trop cheres pour faire des Chapeaux communs: on ne les mêle pas même avec celles du pays, pour en faire de plus fins; parce que l'expérience a fait connoître que les matieres inférieures percent toujours à travers les plus fines, & les couvrent de maniere qu'elle ne contribuent presque en rien à la beauté

(*a*) Dictionnaire du Commerce, à l'article *Autruche*.

(*b*) Mémoires de l'Académie Royale des Sciences, tom. II. partie 2.

du Chapeau : mais elles font un bon effet, quand on les mêle avec différents poils.

Les poils de lievre & de lapin font ceux qu'on employe le plus communément avec la laine ; il y a tel Chapelier dans Paris qui consomme dans une année quarante mille dépouilles de la premiere espece, & plus de soixante mille de la seconde ; ordinairement le Chapelier reçoit & achete les peaux telles qu'elles viennent des cuisines & des boutiques de Rôtisseurs; ce sont les Crieurs de vieille féraille, & les Raccommodeurs de faïence cassée, qui les recueillent, & qui les leur vendent à tant le cent.

Il y a aussi dans les fauxbourgs de Paris, & sur-tout dans celui de S.Antoine, une Communauté de Maîtres Cardeurs qui achetent ces peaux de la premiere main, & qui en vendent le poil à la livre aux Chapeliers; mais dans une fabrique un peu considérable, le Maître trouve plus de profit & de sûreté à faire couper le poil chez lui ; non-seulement parce qu'il n'a point de revente à supporter, mais encore parce qu'il n'a point à craindre de mélanges frauduleux, ni les fautes qu'on auroit pû commettre dans la préparation qu'on doit donner à ces poils, avant qu'ils soient séparés du cuir.

Cette préparation, dont je parlerai dans le Chapitre suivant, n'avoit pas lieu autrefois, c'est une pratique qui n'a guere que trente ans de date en France, & sans laquelle cependant, il y a certains poils qui ne peuvent pas se feutrer, ou qui se feutrent fort mal ; tel est celui de lievre, qui pour cette raison, étoit expressément défendu : peut-être aussi tenoit-on rigueur sur cette défense, pour accréditer & faire valoir davantage le commerce du castor, dont le Roi avoit donné le privilége exclusif à la Compagnie des Indes.

Le lapin & le lievre ne sont point les seuls animaux du pays, dont le poil soit propre à faire des Chapeaux, sur-tout depuis qu'on sçait donner, ou augmenter la qualité feutrante : on a essayé avec succès celui des chiens barbets. Je ne doute pas qu'on ne réussît de même avec beaucoup d'autres especes ; mais outre que ces especes ne fournissent point abondamment, le Foureur & le Mégissier qui mettent à profit le cuir & le poil, les font plus valoir, que ne peut faire le Chapelier qui n'employe que cette derniere partie ; l'autre en sortant de ses mains n'étant propre qu'à faire de la colle-forte, pour des raisons que je dirai.

Quant aux poils qui se tirent des pays étrangers pour la fabrique des Chapeaux, le plus commun & qui coûte le moins, est celui qui arrive des Echelles du Levant par Marseille, en petits paquets arrondis, & qu'on connoît sous le nom de *pelotage* ; ce sont des toisons de chevreaux, ou de *chevrons*, pour parler comme les Chapeliers ; il y en a de noir & de roux ; celui-ci est le plus fin & le plus estimé ; il se vend toujours 8 ou 10 sols par livre plus cher que l'autre.

On tire encore du Levant, & pour le même usage, du poil de chameau ;

le plus beau vient d'Alep, de Satalie & de Smyrne; ce poil eſt toujours brun, mais tantôt plus foncé, & tantôt plus clair; il y en a auſſi de différents dégrés de fineſſe; de ſorte que le prix de l'un ſurpaſſe quelquefois de moitié celui de l'autre. On uſe beaucoup moins de cette marchandiſe à Paris ou dans les environs, qu'à Rouen, à Marſeille, à Grenoble & à Lyon : on ne s'en ſert ici que pour donner un peu plus de luſtre aux Chapeaux de laine.

Mais de tous les poils étrangers, il n'y en a pas dont les Chapeliers des grandes villes, & ſur-tout de Paris, faſſent autant d'uſage, ni qui réuſſiſſe auſſi bien que celui du caſtor, animal amphibie de l'Amérique Septentrionale; les Naturels du pays, en font la chaſſe, en amaſſent les peaux, dont ils employent une partie à ſe couvrir tant de jour que de nuit; après quoi ils les vendent avec celles qui ne leur ont point ſervi, aux Européens, qui leur portent en échange les denrées & les marchandiſes dont ils ont beſoin. S'il ſe trouve des caſtors en Moſcovie, en Pologne ou ailleurs, comme on le prétend, il faut qu'ils y ſoient en trop petite quantité pour faire objet de commerce, ou qu'on y faſſe trop de cas de cette eſpèce de fourrure, pour la laiſſer ſortir du pays; car nos Chapeliers n'en connoiſſent pas d'autre que celui de Canada (*a*).

Cet animal eſt d'une couleur brune, mais plus foncée ſur le dos que partout ailleurs, & en général cette couleur n'appartient qu'à la pointe du poil; car le reſte, en tirant vers la racine, eſt d'un gris de perle très-clair & très brillant, ſur-tout aux joues & aux flancs : le poil eſt auſſi plus court à ces dernieres parties, qu'il ne l'eſt ſur le dos, qu'on nomme communément l'*Arête*.

Je ne parle ici que du poil qui eſt propre au travail du Chapelier; car on verra par la ſuite qu'il y en a un autre plus groſſier, qui n'eſt d'aucun uſage dans cet art, & qu'il faut ſéparer du premier.

On diſtingue deux ſortes de caſtor en peaux; *le gras* & *le ſec*, que l'on appelle auſſi *caſtor veule*. On appelle *caſtor gras*, les peaux de cet animal, que les Sauvages ont portées un certain temps pour ſe vêtir, ou qui leur ont ſervi de couvertures pendant la nuit; outre qu'ils ont choiſi les meilleures pour cet uſage, à force de les manier ils les ont rendues ſouples, & leur tranſpiration a donné au poil une qualité qui le rend bien plus propre qu'il ne l'eſt naturellement, à former l'étoffe des Chapeaux.

On nomme *caſtor ſec* ou *veule*, les peaux qui n'ont point ſervi, & que les Sauvages ont miſes à ſécher, après en avoir dépouillé l'animal; celui-ci eſt moins eſtimé & moins cher que l'autre; & pour l'employer, on le mêle toujours avec une certaine quantité de caſtor gras, ou de quelqu'autre matiere capable de lui donner du corps. On eſtime encore le caſtor plus ou moins ſuivant la ſaiſon où l'animal a été dépouillé; celui d'hyver eſt le meilleur de tous & le plus cher, parce qu'alors l'animal eſt plus fourré que dans tout autre temps,

(*a*) Parmi les caſtors de différentes qualités, qu'on tire de Canada, il y en a une (c'eſt le caſtor gras d'hyver), qu'on nomme *caſtor de Moſcovie*, parce qu'on l'enleve pour Archangel.

& que son poil est de meilleure qualité ; après celui-là c'est le castor de printemps & d'automne que l'on préfere ; celui qui vaut le moins, & qui est aussi au plus bas prix, c'est le castor d'été, à cause de la mue.

L'établissement des François dans le Canada les a mis à même de se procurer du castor, & c'est à cet événement sans doute que la Chapélerie de France doit sa perfection, la plus belle partie de son commerce, & la renommée dont elle jouit : le commerce de cette espèce de pelleterie fut d'abord libre pour tous les Habitants ; chacun faisoit sa traite particuliere avec les Sauvages, & en disposoit ensuite comme il le jugeoit à propos : mais cela ne dura pas longtemps ; cette branche de commerce fut confiée à des Compagnies qui se succéderent les unes aux autres, & celles des Indes en a joui par un privilége exclusif depuis 1717 jusqu'au dernier Traité de paix.

Tant qu'elle a été en possession de la traite du castor, c'étoit à Québec, à Mont-réal, & dans quelques autres places, que cette pelleterie étoit apportée une fois tous les ans, tant par les Sauvages qui venoient eux-mêmes faire leurs échanges que par des particuliers François qui obtenoient du Gouverneur la permission d'aller au loin trafiquer avec eux (*a*) ; le castor ainsi rassemblé dans les Magasins de la Compagnie, étoit transporté ensuite à la Rochelle, & de-là à Paris, où s'en faisoit la vente peu après son arrivée.

Les balles de castor sont ordinairement du poids de cent vingt livres chacune ; la Compagnie accordoit sept livres de tare, & les passoit aux Chapeliers pour cent treize livres : mais comme il se fait moins de castor gras, que de castor sec, non-seulement on payoit les premiers plus chers, mais pour en avoir une balle, il falloit en acheter en même temps trois ou quatre, & dans certaines années cinq de la seconde qualité.

Présentement nos Chapeliers se pourvoient de castors comme ils peuvent ; les plus riches ou les plus accrédités le tirent d'Angleterre par grosses parties & en revendent à ceux de leurs Confrères qui n'ont pas le moyen ou la commodité de faire de grandes provisions.

Quant au prix des différentes matieres dont j'ai parlé dans ce Chapitre, je ne puis le dire avec précision, parce que cela varie d'une année à l'autre, suivant que chaque espece devient plus ou moins rare, suivant la qualité individuelle de chaque marchandise, & suivant les circonstances qui influent en général sur le commerce, & en particulier sur telle ou telle partie : après bien des informations que j'ai faites à ce sujet, voici ce que j'en puis dire, en me tenant à des à-peu-près.

Quand on achete les laines de France en grosses parties chez les Laboureurs, & chez les Fermiers, & qu'on les prend en *suin*, c'est-à-dire, sans être ni lavées, ni dégraissées, & telles qu'elles sortent de dessus la bête, on les peut avoir pour 12 ou 15 sols la livre ; mais quand elles sont préparées, & qu'elles ont

(*a*) Ces especes de marchands s'appellent *coureurs de bois*.

ont souffert le déchet du lavage & du dégraissage, elles reviennent au Chapelier à 20 ou 24 sols la livre de 16 onces.

La derniere guerre a fait augmenter le prix des laines & des poils que l'on tire du pays étranger, de sorte que présentement on paye :

		livres	sols
L'Agnelin d'Hambourg . . . la livre		2 livres	15 sols.
La Carménie	rousse	6	
	blanche	5	
La laine d'Autriche		2	
La vigogne	rouge	8	
	blonde	7	10
Le pelotage	noir	2	5
	roux	2	15
Le poil de chameau	le plus commun.	2	10
	le plus fin	8	

Mais de toutes ces matieres, il n'y en a aucune qui ait autant augmenté de prix, que le castor : on en pourra juger par le tableau suivant, que je tiens de bonne part (*a*), & qui comprend les différents prix de cette marchandise, depuis 1739, jusqu'en 1753 inclusivement.

La livre de Castor.

	Sec bon.	*gras bon.*	*sec rebut.*	*gras rebut.*
1739	3 liv. 10 sols	5 liv. 10 sols	2 liv. 10 sols	3 liv. 10 sols
1739	4 . . 10	5 . . . 10	3 . . . 10	
1740	5 . . 10	5 . . . 10	3 . . . 10	
1744	6 . . 10	6 . . . 10	4	4 . . . 10
1747	7	7	5	5
1753	8	8	6	6

Aujourd'hui le castor est d'un tiers en sus plus cher qu'il n'étoit en 1753, de sorte que le meilleur revient à 12 liv. la livre; & il est important d'observer qu'il s'agit ici de l'achat du castor en peau : le poil qu'on en tire pour fabriquer des Chapeaux, par les déchets qu'il souffre, & par les frais qu'il faut faire, pour le mettre en état d'être travaillé, revient à 30 ou 36 liv. la livre.

L'augmentation de prix sur les laines & poils étrangers, & sur-tout sur le castor, n'a pas manqué d'en causer une très-considérable sur les poils qui se trouvent en France; le cent de peaux de lapins qui fournit environ 5 livres de poil, s'achetoit autrefois 18 ou 20 livres; aujourd'hui on le paye jusqu'à 35 livres, ce qui fait monter la livre de cette marchandise à 9 livres, sans compter les frais de préparation, dont je parlerai dans le Chapitre suivant.

La centaine de peaux de lievres qu'on payoit 30 livres, s'achete aujourd'hui

(*a*) Je tiens ce Tableau, & la plûpart des instructions dont j'ai eu besoin pour décrire cet Art, de M. Mabile, maître & marchand Chapelier, établi à Paris rue S. Denis, lequel a eu la complaisance de m'ouvrir, toutes les fois que je l'ai desiré, sa manufacture & ses magasins, & de me mettre au fait de toutes les pratiques de la Chapelerie, & de tout ce qui concerne son commerce.

jusqu'à 60 liv. de sorte qu'une livre de ce poil prêt à être employé, coûte au Chapelier environ 12 livres, le plus fin, & les autres qualités à proportion.

Les matieres dont j'ai fait mention dans ce Chapitre, sont celles qu'on employe communément, & sans contestation, dans les manufactures de Chapeaux : mais il en est une encore dont il paroît qu'on a fait usage autrefois, sinon en France, au moins en Angleterre, & qu'un Chapelier de Paris entreprend de faire revivre : c'est la soie; je dirai ailleurs comme il la prépare; & comment il l'employe : pour le présent il suffira qu'on sçache que pour l'avoir à un prix qui n'égale point celui d'une autre matiere dont elle tient la place, il fait ramasser chez les ouvriers qui employent des étoffes de soie, chez les faiseurs de gaze, de chenilles, &c, toutes les rognures de rebut, il les fait parfiler dans les hôpitaux, ou par des enfants & de vieilles gens, dont le temps n'est pas précieux; en un mot, en prenant toutes les mesures nécessaires pour avoir cette espece de marchandise au plus bas prix : aussi ne lui revient-elle communément qu'à 8 ou 10 sols la livre, & la plus belle à 20 s. Il est actuellement en procès avec la Communauté des maîtres Chapeliers, qui lui contestent la possibilité d'employer utilement la soie dans la composition des Chapeaux : il ne m'appartient pas de prononcer, avant les juges; mais en faisant la description d'un Art, je dois faire connoître, autant qu'il m'est possible, toutes les matieres sur lesquelles il peut s'exercer; je dirai donc, pour l'avoir vu, qu'on fait très-bien un Chapeau avec un tiers de soie & deux tiers de poil de lievre. Quant à la beauté & à la bonté d'un tel Chapeau, par comparaison à ceux où il n'entre pas de soie, & qui sont reçus dans la Chapelerie, ce n'est point ici le lieu d'en parler; j'aurai occasion d'en dire mon avis dans les Chapitres suivants.

CHAPITRE SECOND.

De la maniere dont on prépare les matieres qui doivent servir à fabriquer les Chapeaux.

J'AI déja dit dans le Chapitre précédent que les laines de France sont ordinairement dégraissées & lavées, quand le Chapelier les achete; (*a*) il choisit seulement celles qui conviennent le mieux à son Art; ce sont celles des jeunes bêtes, & les plus courtes triées des toisons de brebis. Il n'a plus qu'à les faire carder, comme cela se pratique dans plusieurs autres fabriques où l'on employe des laines.

Le poil de veau qu'on tire des Tanneries, se trouve mêlé avec de la chaux dont il faut le purger avant qu'il passe par les mains du Cardeur : pour cet ef-

(*a*) Il y a cependant des Chapeliers dans les Provinces, qui employent leurs laines en *suin*, c'est-à-dire, sans être dégraissées, & n'ayant reçu d'autre préparation qu'un lavage à froid sur la bête; mais quand le Chapeau est prêt à passer à la *foule*, ils le font bouillir dans une forte lessive.

ſet, on le fait bouillir à grande eau dans des chaudieres, après quoi on le porte dans des paniers à claire voie à la riviere la plus prochaine, ou à quelqu'autre courant d'eau, où on le lave juſqu'à ce qu'il paroiſſe bien net; on l'étend enſuite ſur des claies en pleine air & au ſoleil, pour le faire ſécher.

Toutes les laines & poils qui viennent de pays étrangers, contiennent beaucoup de ſaletés, qu'il faut, avant toutes choſes, leur ôter. Les toiſons de vigogne & celles de Carménie, ſont preſque toujours remplies de terre & d'excréments durcis : on trouve dans le poil de chameau & dans tout ce qu'on nomme *pelotage*, des parcelles de peau ou d'épiderme que l'on nomme *chiquettes*, que le Tondeur a enlevées de deſſus l'animal; & dans tous il y a un poil groſſier qu'on nomme *jarre*, dont je parlerai plus particuliérement ci-après, & qui doit être ſéparé du poil fin; il eſt rare que dans une grande quantité de telles marchandiſes, il n'y ait quelques parties échauffées, pourries, ou gâtées par les inſectes: la premiere préparation qu'elles exigent, c'eſt donc d'être *épluchées*.

Ce ſont ordinairement des femmes qui font cet ouvrage, qui va ſans doute lentement, à en juger par le prix qu'on leur donne. Pour la vigogne, elles gagnent juſqu'à 20 ſ. par livre, qu'on leur donne à éplucher; la Carménie & le poil de chameau ſe payent ſur le pied de 10 ſ. L'épluchage cauſe beaucoup de déchet : cela va très-ſouvent au quart, quelquefois au tiers. De ſorte que ſi la livre de vigogne coûte 8 l. de premier achat, elle revient à plus de 10 l. à cauſe du déchet, ajoutez 20 ſols de façon, ce qui la fait monter quelquefois juſqu'à 12 liv.

En maniant ainſi les laines & poils étrangers, on en fait un triage; car dans la même toiſon, il s'en trouve de différentes qualités & de différentes couleurs; ce qui vient du dos de l'animal eſt toujours plus foncé en couleur, on l'appelle l'*Arête*, & on l'eſtime davantage que le reſte : ce qui vient du ventre, des flancs, de la gorge, eſt d'une couleur plus claire, quelquefois blanc, & l'on s'en ſert pour des Chapeaux plus communs, ou qui ne doivent pas être teints.

C'eſt ainſi que l'on commence à préparer les laines & poils qui arrivent en toiſons ou en pelotes; mais il en eſt d'autres, tels que les poils de lievre, de lapin, de caſtor, que le Chapelier reçoit en peaux, & qu'il eſt obligé de faire ſéparer de leurs cuirs; ce qui ſe fait par deux opérations différentes : l'une s'appelle *arracher*, l'autre *couper*.

Sur chaque peau il y a toujours deux ſortes de poils : outre celui qui eſt propre à la fabrique, il s'en trouve un autre plus long, qui s'appelle *jarre* : il eſt groſſier & rude; il ne ſe feutre pas, & quand il en reſte dans l'étoffe d'un Chapeau, il perce au-dehors & ſe montre d'une maniere déſagréable. Il faut les ſéparer du poil fin; & voici comment cela s'exécute pour le caſtor.

L'Arracheur (*Voyez Planche I. Fig.* 1.) aſſis ſur un petit tabouret de paille, a devant lui un banc *A*, qui ſe nomme *chevalet*, de trois pieds de longueur, ſur ſix pouces de largeur, monté ſur quatre pieds, à la hauteur de 20 pouces, & le deſſus eſt arrondi. Il y étend la peau en longueur, le poil en-dehors, & il l'y aſſujettit, en embraſſant avec un *tire-pied* le bout qui eſt de ſon côté.

Le tire-pied n'eſt autre choſe, qu'une corde de chanvre ou une courroie dont chaque bout eſt terminé par une boucle pour recevoir le pied, (*Fig.* 2.)

Si c'eſt du caſtor ſec, l'Arracheur tourne la peau, de maniere que la tête ſe trouve au bout le plus reculé du chevalet, & que le poil ſe préſente à lui par la pointe; il fait tout le contraire ſi le caſtor eſt gras.

La peau étant aſſujettie, comme je viens de le dire, & le banc bien arrêté, il prend à deux mains une plane à double tranchant, qui a environ 14 pouces de longueur entre les deux manches (*Fig.* 3), puis l'appliquant & la traînant en avant à angles droits, ou à peu-près ſur la longueur du chevalet, il fait agir le taillant obliquement, & à pluſieurs repriſes ſur la même bande, juſqu'à ce qu'il en ait enlevé tout le jarre.

Quand le caſtor eſt ſec, il *roule* la plane; c'eſt-à-dire, qu'il la pouſſe en avant, en inclinant ſa lame vers le bout du chevalet où eſt la tête de la peau, & qu'il l'incline en ſens contraire, en la tirant à ſoi; ce changement d'inclinaiſon étant toujours accompagné d'un coup de poignet. Quand au contraire le caſtor eſt gras, l'Arracheur ne fait que traîner, en appuyant le tranchant ſuivant le ſens du poil. Ce qu'il y a de ſingulier dans l'une & dans l'autre façon d'opérer, c'eſt que la plane, quoique bien tranchante, arrache le jarre & ne le coupe point; & ce qui doit le paroître pour le moins autant, c'eſt qu'en arrachant ainſi ce gros poil, elle n'enleve rien du fin.

L'Arracheur ayant ôté le jarre, autant qu'il a pû, avec ſa plane, remet la peau à une Ouvriere qu'on appelle *Repaſſeuſe*, parce qu'elle acheve d'arracher avec un couteau ce qu'il en reſte aux bords & aux autres endroits où la plane n'a pû agir.

Le couteau de la Repaſſeuſe eſt une lame droite, un peu rétrécie & arrondie par le bout, emmanchée avec du bois, à peu près comme le tranchet du Cordonnier. (*Fig* 4).

La Repaſſeuſe (*Fig.* 5) eſt aſſiſe quand elle travaille; elle tient la peau aſſujettie par un bout entre ſon genou & une muraille, ou quelque choſe de ſolide; elle pince le jarre entre la lame de ſon coûteau & ſon pouce, & l'arrache d'un coup de poignet; mais comme ce poil eſt rude, & que l'action de la main eſt violente, la partie du coûteau qu'elle empoigne eſt garnie de linge, & elle a un poucier de cuir.

L'Arracheur reçoit 8 l. pour arracher une balle de caſtor, qui peſe ordinairement 118 l. net; & quand il eſt bon travailleur, il peut faire cet ouvrage en deux jours; il a pour lui le jarre qu'il a arraché & qu'il vend, comme mauvaiſe bourre, à quelques Selliers & Bourreliers qui le payent ſur le pied de 6 den.

6 den. la livre. Mais la Repaſſeuſe eſt ſur ſon compte ; c'eſt à lui à la payer ſur les 8 liv. qu'il reçoit.

Immédiatement après l'arrachage, on bat avec des baguettes, & du côté du poil, toutes les peaux tant de caſtor gras, que de caſtor ſec, pour en faire ſortir le limon & le gravier, qui s'y trouve toujours en aſſez grande quantité, & qui gâtent, quand ils reſtent, le tranchant des outils dont on ſe ſert pour couper le poil fin. Ce ſont ordinairement des femmes qui arrachent le jarre aux peaux de lapin : on les appellent *Arracheuſes* : ordinairement ce ſont les mêmes qui repaſſent le caſtor : on les paye ſur le pied de 10 ſ. le cent de peaux, avec les quatre au cent.

Le jarre du lapin s'arrache comme celui du caſtor qui a échappé à la plane ; une femme tenant d'une main la peau aſſujettie ſur ſon genouil, rebrouſſe le poil avec un coûteau tout-à-fait ſemblable à celui de la Repaſſeuſe, qu'elle tient de l'autre main ; & en pinçant le bout du jarre entre ſon pouce & la lame, à chaque coup de poignet elle en emporte une partie ; & cela ſe fait ſans que le poil fin s'enlève, parce qu'il tient mieux au cuir que le jarre. *Voyez la Fig. 6.*

Il n'en eſt pas de même des peaux de lievre ; le gros poil tient au cuir plus fortement que le fin ; c'eſt pourquoi l'Arracheuſe en pinçant l'un & l'autre en même temps, n'emporte que le dernier ; mais, avant que d'en venir à cette opération, elle commence par *ébarber* le jarre avec des ciſeaux ; de maniere qu'il ne ſurpaſſe plus en longueur le poil fin qu'elle a deſſein d'arracher, & cet ébarbage qui ſe fait d'avance, ſe paye à part, ſur le pied de 16 ſ. le cent de peaux avec les 4 au 100.

Ainſi le poil fin du lievre s'arrache ; celui du lapin, comme celui du caſtor, ſe coupe : mais auparavant on leur donne une façon qui tend à leur faire prendre ou à augmenter en eux la qualité feutrante ; comme cette préparation n'eſt pas la même dans toutes les fabriques de Chapeaux, & que chacun fait myſtère de la ſienne, on l'appelle *ſecret* ; & l'on dit que le poil eſt *ſecrété*, quand il l'a reçue.

De tout temps les Chapeliers ſe ſont apperçus que le caſtor ſec employé ſans préparation, avoit peine à ſe feutrer & à *rentrer* à la foule ; & il y a toute apparence qu'une des plus fortes raiſons qui avoient fait défendre l'uſage du lievre dans la Chapélerie, c'eſt qu'il faiſoit de mauvais ouvrage, avant qu'on ſçût la maniere de le préparer.

Autrefois (& l'on dit qu'il y a encore des Chapeliers qui le font aujourd'hui), on enfermoit le poil dans un ſac de toile, & on le faiſoit bouillir pendant 12 heures dans de l'eau, avec quelques matieres graſſes & un peu d'eau-forte ; le choix de ces drogues, & leurs doſes, varioient ſuivant l'idée ou la fantaiſie du Fabriquant ; mais aſſez communément pour 30 livres de poil, on mettoit une livre ou une livre & demie de vieux oing ou de ſain-doux avec environ une livre d'eau-forte, dans une quantité d'eau capable de baigner pleinement cette portion de marchandise. Quand on avoit retiré le sac de la chaudiere, on mettoit dessus quelques planches que l'on chargeoit avec de gros poids pour presser le ballot & en exprimer l'eau ; le poil étant suffisamment refroidi, on le tiroit du sac par poignée, que l'on pelotoit, & que l'on pressoit fortement entre les deux mains sans le tordre ; après quoi on l'étendoit sur des claies, pour le faire bien sécher.

Il y a environ 30 ans, qu'un Chapelier François nommé *Mathieu*, ayant travaillé pendant plusieurs années à Londres, vint s'établir à Paris, dans le fauxbourg S. Antoine, & se vanta d'avoir appris des Anglois, une maniere de secréter le poil, bien meilleure que toutes celles qui se pratiquoient en France ; il en donna des preuves, & quelques Maîtres le payerent pour en avoir communication : ce secret, quant au fond, devint bientôt celui de tout le monde ; on sçut que les principales drogues que Mathieu employoit, étoient de l'eau-forte mitigée avec de l'eau commune, & un peu de sain-doux, dont il frottoit le poil. Par succession de temps plusieurs y ont ajouté un peu de mercure ; mais il en est encore de ceci comme de l'ancienne façon de secréter, chacun regle à sa maniere l'affoiblissement de l'eau-forte, & la quantité de mercure ; plusieurs se contentent de l'eau seconde sans aucune addition ; d'autres y joignent avec le mercure, du miel & d'autres drogues qu'ils imaginent devoir produire un bon effet, sans en sçavoir la raison ; & rien ne prouve mieux que cette variété, combien les Chapeliers sont encore éloignés de sçavoir en quoi consiste l'étal actuel du poil secrété, & combien il est à souhaiter pour eux qu'on les éclaire sur cet article.

Un très-bon Fabriquant de Paris, qui a eu la complaisance de secréter devant moi du castor, du lievre & du lapin, m'a assuré qu'après plusieurs épreuves faites avec différentes drogues, il s'étoit fixé à l'eau seconde, c'est-à-dire, à l'eau-forte affoiblie avec moitié d'eau commune, en y faisant dissoudre une once de mercure par livre d'eau-forte. Voici comme il employe cette dissolution.

Une large terrine non vernissée qui la contient, est placée à sa droite sur un établi devant lequel il se tient debout. La peau est étendue, le poil en dehors, sur un bout de planche fort épaisse qui est posé & arrêté sur l'établi ; & avec une brosse ronde (*Fig.* 7.) de poil de sanglier, qu'il tient par le manche, & qu'il a trempée légérement dans la terrine, il frotte successivement & à plusieurs reprises, toutes les parties qu'il a dessein de secréter, allant tantôt dans le sens du poil, tantôt à contre-sens, mais ayant toujours attention de ne mouiller tout au plus que la moitié de la longueur du poil, celle qui s'étend jusqu'à la pointe, & épargnant celle qui est du côté de la racine. *Voy. la Fig.* 8.

Je dis qu'il traite ainsi les parties de la peau qu'il a dessein de secréter, parce qu'il y en a qu'on se dispense souvent de secréter ; telles sont les arrêtes de castor, dont le poil se trouve assez long & assez beau pour faire ce que les Chapeliers appellent *dorure*, & dont je parlerai dans le Chapitre suivant. On ne secréte donc entiérement que le castor sec de médiocre qualité ; le lievre & le lapin se secrétent comme le castor sec, & l'on ne secréte jamais le castor gras.

A mesure qu'on secréte les peaux, on les place les unes sur les autres, poil contre poil ; cette préparation fait prendre à la pointe du poil, en séchant, une couleur jaune ou rousse, plus claire aux endroits qui approchent le plus du blanc: & l'on reconnoît si elle a été bien faite, lorsqu'en ouvrant le poil on le trouve dans son état naturel, depuis la moitié de sa longueur jusqu'au cuir, où est sa racine : on étend ensuite les peaux dans une étuve, ou au soleil, pour les faire sécher.

L'étuve destinée à cet effet, & que j'ai vûe, est une petite chambre bâtie en charpente & en plâtre, de six pieds en quarré, & de huit pieds de hauteur : elle est fermée de toutes parts, à la réserve d'une ouverture de deux pieds en quarré, pratiquée au bas d'un de ses côtés, pour laisser la liberté d'y entrer ; outre cela, il y a un gros tuyau de grais dont l'embouchure est à 5 pieds de hauteur, & qui, en montant obliquement, va se rendre dans la cheminée d'une chambre voisine, pour y porter les vapeurs de l'eau-forte qui s'exhale des peaux, & celle du charbon, qui sans cela reflueroient dans la maison, & incommoderoient d'une maniere insupportable, ceux qui sont obligés d'entrer dans l'étuve.

Les quatre parois sont garnies de clous sans têtes, pour recevoir les peaux, & il y a encore à la hauteur de 7 pieds, plusieurs traverses de bois qui ont des chevilles pour pareil usage.

Le plancher de l'étuve est carrelé, & au milieu est ce qu'on appelle le *fourneau* ; c'est une cuvette de deux pieds en quarré, formée avec des briques & un chassis de fer, dans laquelle on met 4 boisseaux de gros charbon, & quand on y a mis le feu avec de la braise allumée, on ferme le guichet, & l'on attend que le charbon soit consumé pour aller examiner en quel état sont les peaux.

Quand on voit qu'elles sont suffisamment séchées, ce qui arrive ordinairement au bout de 4 heures, on les retire, & on les livre a des ouvrieres qu'on appelle *Coupeuses* : ce sont elles qui enlevent le poil de dessus le cuir, & qui en font le triage : & le castor gras qu'on ne secréte point, passe également par leurs mains. Avant que d'en venir au coupage, l'ouvriere *décatit* le poil que le secret a mouillé & comme collé ; & pour cet effet, elle se sert d'un outil qu'on nomme *Carrelet*, qui n'est autre chose qu'une petite *Carde* de 3 pouces en quarré, avec laquelle elle peigne l'extrémité du poil.

La Coupeuse (*Fig.* 9.) travaille ordinairement debout, ayant devant elle un établi bien solide, sur lequel est placé un bout de planche de 18 pouces ou environ de longueur, & épais pour le moins d'un pouce & demi. Sur cette planche, qui doit être bien dressée, & bien unie, elle étend la peau, le poil en dehors, & suivant sa longueur, ayant attention que la tête de l'animal soit à sa droite, puis en commençant par cette même partie, & tenant le poil couché avec trois doigts de sa main gauche, elle le coupe à la racine avec un outil qui se nomme *Couteau*, mais qui est plutôt un ciseau court, dont le tranchant est un peu oblique, relativement à la longueur de l'instrument. (*Fig.* 10.)

La main droite a deux mouvements; elle coupe tant en avançant qu'en retirant le coûteau sur une largeur égale à celle des trois doigts qui tiennent le poil couché, & elle avance en même temps sur la main gauche qui recule, en tirant avec elle le poil qui vient d'être coupé.

Ces mouvements, à cause de la grande habitude, se font avec beaucoup de célérité, de sorte qu'en peu de temps, on voit le cuir se découvrir par bandes qui s'étendent d'un bout à l'autre de la peau, & dont chacune égale en largeur celle des trois doigts, avec lesquels la Coupeuse présente la racine du poil au couteau. Voyez *la Fig.* 11. qui représente plus particuliérement la position des mains & du couteau.

Afin que la peau ne cede point à l'action des deux mains qui concourent à la faire reculer en travaillant, la Coupeuse l'assujettit avec un poids, ou autrement, par le bout où elle commence à couper; & comme il faut souvent renouveller le fil au tranchant du couteau, sur-tout pour le castor, à cause du limon & du gravier qui se trouvent adhérents au cuir de cet animal amphibie, il y a toujours sur l'établi une vieille meule de Coûtelier, posée à plat, sur laquelle l'ouvriere a soin de repasser son outil quand elle s'apperçoit qu'il en a besoin

On coupe le castor sec & le lapin de la même maniere que le castor gras: mais comme les peaux n'ont pas la même souplesse que celui-ci, & qu'elles ont contracté en se séchant des plis durs & roides, qui empêchent qu'on ne puisse les étendre aisément sur la planche, la Coupeuse les prépare la veille, en les mouillant avec une éponge du côté de la chair, & en enlevant avec un couteau les petits lambeaux de chair ou de graisse qui sont restés adhérents lorsqu'on a écorché l'animal, & qui, en se durcissant, ont rendu l'épaisseur de la peau inégale (*a*).

On mouille donc ces peaux, comme je viens de le dire; & on les applique à mesure, les unes sur les autres, chair contre chair, évitant avec soin que le poil ne se ressente trop de cette humidité, qui pourroit lui ôter une partie de la qualité feutrante qu'on lui a fait prendre en le secrétant; & quand il y en a 40 ou 50 amoncelées de cette maniere, on les couvre d'une planche que l'on charge avec un poids, jusqu'au moment où la Coupeuse s'en empare pour travailler.

On prépare de même les peaux de lievre pour en avoir le poil plus aisément;

(*a*) Au castor, c'est l'Arracheur qui pare la peau, pour faciliter le mouvement de sa plane.

ment; mais comme je l'ai dit plus haut, au lieu de le couper, on l'arrache, & l'on commence ordinairement par le dos que l'on met à part, comme étant la partie la plus estimée. C'est pourquoi cette Ouvriere a autour d'elle plusieurs paniers pour recevoir les différentes parties qu'elle met à part les unes des autres.

La Coupeuse fait aussi un triage des castors & du lapin. 1°, Elle sépare tout le castor gras du castor sec. 2°, Dans l'une & dans l'autre sorte, elle distingue par tas le poil du dos lorsqu'il est long, fort, & bien luisant, de celui du ventre, des flancs, & des joues, qui est plus court, mais plus fin & plus blanc. 3°, Elle met encore à part toutes les parties de poil qui viennent des bords de la peau, & des environs des trous qu'on y a faits en coupant les oreilles & les pattes de l'animal, celui-ci est de la derniere qualité. Elle sépare aussi au lapin le poil qui vient du dos, de celui du ventre, des flancs & de la gorge.

En faisant tous ces triages, elle doit avoir soin de nettoyer le poil en ôtant toutes les *chiquettes*, c'est-à-dire, toutes les parcelles du cuir que le couteau auroit pû détacher, ou que l'on auroit enlevées avec le poil, comme il arrive sur-tout aux peaux qui ont été échauffées, qui ont souffert un commencement de pourriture, ou que les vers ont attaquées. Les peaux rendent plus ou moins de poil, suivant la saison où l'animal a été tué. Une balle de castor d'hyver, par exemple, qui pese ordinairement 118 livres, en donne environ 36 à 38 livres; celui d'automne 30 à 34; celui d'été 24 à 28. De cent peaux de lapins dépouillés en bonne saison, on tire à peu-près 5 livres de poil, dont 4 de fin, & une de commun. De pareille quantité de lievres, on en tire 9 à 10 livres, que l'on distingue en trois qualités, sçavoir 5 à 6 livres de fin, provenant de l'arête ou du dos, 2 & demie de *roux*, (c'est ainsi qu'on appelle celui des gorges), & une & demie des ventres, c'est le plus commun.

La Coupeuse se paye sur le pied de 6 sols la livre pour le castor, tant veule que gras; mais comme le lapin & le lievre sont plus difficiles à manier, elle gagne 8 sols pour chaque livre de poil de lapin qu'elle rend, & 10 sols par livre pour le lievre, & elle vend à son profit ces petits cuirs aux ouvriers qui fabriquent la colle-forte, à raison de 6 liv. le quintal. Les cuirs de castor gras, & ceux de castor veule, quand ils n'ont point été trop coupés & endommagés par la Coupeuse, se vendent au profit du Maître, sur le pied de 40 à 50 liv. le cent pesant. Ce sont ordinairement les Bahutiers qui les achetent, & quelquefois les faiseurs de cribles. Mais quand les peaux sont trop endommagées, elles ne sont bonnes que pour les faiseurs de colle-forte, à qui on les vend 18 à 20 liv. le cent pesant.

Une bonne Coupeuse fait quatre à cinq livres de poil par jour; mais comme elle travaille le plus souvent sur des peaux qu'on a mouillées pour les rendre souples, & qu'elle rend son ouvrage au poids, on attend, pour peser ce qu'elle rapporte, que le poil ait perdu l'humidité qu'il a pu contracter de son cuir.

Le Chapelier qui a sa provision, soit en peaux, soit en poils coupés, secrétés ou non, visite fréquemment son magasin & prend des précautions contre le dépérissement de ces marchandises. Les peaux de castor, de lievre & de lapin sont sujettes à être rongées par les rats & par les souris; on fait la chasse à ces animaux avec des chats, ou bien on leur tend des piéges pour les détruire. Certains vers de Scarabées & la teigne, y feroient aussi beaucoup de tort, si l'on n'avoit soin de secouer & de battre les peaux de temps en temps: la pourriture même pourroit s'y mettre à l'occasion de quelque humidité, si les pacquets ou ballots demeuroient trop long-temps fermés, & serrés par des cordes, ou par leur propre poids.

Les différents poils se tiennent à part les uns des autres dans des tonneaux étiquetés, & fermés le plus exactement qu'il est possible, avec des couvercles qui les emboîtent, comme ceux où l'on met la farine; & pour empêcher que les insectes & l'humidité ne s'y introduisent, on les garnit par dedans de bon papier collé. Avec tout cela il faut avoir grand soin de ne point trop entasser, ni presser ces sortes de marchandises, parce qu'en pareil cas elles s'échauffent considérablement, se feutrent en partie, & se catisent au point, qu'on ne peut plus les ouvrir ni les carder. Le castor gras, qui est le plus précieux, exige à cet égard plus de soin & d'attention que tout autre poil.

Quand le poil est trop frais, c'est-à-dire, quand il vient d'un animal nouvellement tué ou tondu, le Chapelier connoisseur, dit qu'il est trop *verd*; il attend pour l'employer, qu'il ait passé quelque temps au magasin: ce temps doit être plus ou moins long, suivant l'espece; le lievre & le lapin en demandent beaucoup moins que le castor, il faut au moins un an pour celui-ci.

C'est dans les tonneaux dont je viens de parler, que le maître Chapelier prend les matieres qu'il lui faut pour composer des Chapeaux: le choix qu'il en fait, les proportions qu'il observe dans le mélange, & la somme des parties composantes, réglent la qualité & le poids de ces Chapeaux.

On en distingue principalement de quatre sortes; sçavoir ceux qu'on nomme *Castors*, les *demi-Castors*, les *Dauphins* & les *Communs*. Quant au poids, on en fait des deux premieres sortes, depuis trois jusqu'à 10 onces: ceux des deux dernieres ne pesent jamais moins de 8 onces; mais quelquefois jusqu'à 13 & 14.

Le Chapeau qu'on nomme *Castor*, doit être fait entiérement avec du poil de castor, & ne doit différer d'un autre Chapeau de même nom & de même poids, que par le choix du poil, y en ayant de différents degrés de beauté dans la même espece.

Quoiqu'on ne sache pas précisément ce que fait au poil cette préparation qu'on appelle *secret*, dont j'ai parlé précédemment, cependant l'expérience a fait connoître que le poil secrété, non-seulement se feutre mieux, rentre & se rapproche plus aisément à la foule, mais qu'il *fait aller* les matieres qui ont moins de disposition, à cet effet, & qui sans lui demeureroient lâches & ne prendroient point de corps. Les Chapeliers réglant donc leurs mélanges sur ce principe, pour les Chapeaux de pur poil, mettent ordinairement deux tiers de secrété, avec un tiers qui ne l'est pas.

On fait, par exemple, un très-beau & ample castor avec 5 onces de ce poil secrété, & 2 onces & demie de non secrété, dont moitié castor gras, sur-tout si c'est du poil d'élite; de même des Chapeaux de moindre poids, en observant les mêmes proportions.

On envoye beaucoup de castors blancs en Espagne pour les Colonies, & nous avons ici des Religieux qui n'en portent point d'autres; ces Chapeaux se composent comme je viens de le dire, & l'on a de plus l'attention de choisir les parties de poils qui sont les plus claires en couleur.

Ce qu'on nomme *demi-Castor*, n'est pas, comme on le pourroit croire, en s'arrêtant à la dénomination, un Chapeau composé avec moitié poil de castor; si l'on y en met, ce n'est qu'en *dorure*. Les Chapeliers appelle ainsi une légere couche de castor ou d'autre poil, dont ils couvrent le Chapeau en le fabriquant, & qui lui donne une superficie plus fine & plus brillante qu'il ne pourroit l'avoir avec la matiere qui fait le fond de son étoffe.

Ci-devant un bon demi-castor devoit peser neuf onces, & se faisoit avec un tiers de laine de Vigogne ou de Carménie, deux tiers de poil de lapin, de lievre, ou de chameau des meilleures qualités, le tout pesant 8 onces, & recouvert d'une once de dorure en castor.

Ajourd'hui l'on en fait beaucoup de 6 onces, dont 3 de lievre secrété, 2 de lapin secrété, & une de lapin non secrété. Quand on veut les faire plus forts & plus beaux, on y ajoute une once de castor en dorure.

Les demi-castors de cette derniere espece, sont moins fins, quand il y a plus de lapin que de lievre; c'est-à-dire, que le poil de lievre (qui est aussi plus cher) est le plus beau de ces deux poils; mais il faut pour bien faire, qu'il soit toujours secrété.

Ces Chapeaux sont plus solides, quand on y fait entrer un sixieme de Vigogne, ou de laine de Carménie bien épluchée: & si avec cela ils ont une dorure de castor, ce sont les plus beaux & les meilleurs de cette espece.

Les demi-castors qui doivent rester blancs, peuvent se faire avec deux tiers d'arête de lievre secrété, un tiers d'arête de lapin, dont moitié secrété; ou bien ce dernier tiers tout secrété, au cas qu'on y ajoute une once ou une once & demie de castor en dorure; car il est à remarquer que la dorure se fait toujours avec du castor veule non secrété que l'on ne carde point; mais que l'on arçonne seulement. Quelques Chapeliers cependant sont dans l'usage de dorer leurs demi-castors, les moins fins, avec de l'arête de lievre, dont la moitié est secrété: d'autres les dorent avec moitié castor non secrété, & moitié lievre secrété; mais ces dorures ne sont jamais ni aussi bonnes ni aussi belles que celles qui se font avec le castor pur.

Les Dauphins ſe font avec deux tiers de lapin non ſecrété & de lievre ſecrété, & l'autre tiers partie agnelins d'Hambourg, & partie poil de chameau bien épluché, le tout de la ſeconde qualité. Pour un Chapeau de ſept onces & demie, par exemple, quatre onces tant en lapin qu'en lievre commun, une once de laine d'Hambourg, deux onces & demie de poil de chameau : on peut ſubſtituer à ce dernier la laine d'Autriche, ou du pelotage.

On ne dore guere ces ſortes de Chapeaux, parce que le poil fin qu'on y emploieroit, ſeroit toujours ſurmonté par la laine, & la matiere plus commune qui fait le fond de l'étoffe.

On fait auſſi des Dauphins blancs à l'uſage de quelques Ordres de Religieux ; mais alors on a l'attention de choiſir parmi les laines ou les poils qu'on y emploie, tout ce qu'il y a de moins brun, & de plus approchant du blanc.

Les Chapeliers des grandes Villes, & ſur-tout ceux de Paris, ne font guere de Chapeaux plus communs que les Dauphins, parce que la main-d'œuvre y eſt trop chere pour ces Chapeaux de bas prix : c'eſt, comme je l'ai dit au commencement du premier Chapitre, dans les Provinces que cela ſe frabrique avec de la laine pure du pays, à laquelle on mêle ſouvent des matieres encore plus communes.

On mêle auſſi quelquefois avec ces laines de France des matieres plus fines, telles que les poils de lapin, de lievre, de chameau, pour faire des Chapeaux qui tiennent un milieu entre les Communs & les Dauphins.

D'autres fois on ſe contente de dorer le deſſus de la tête avec un peu de poil de chameau, ce que l'on appelle *mettre une calotte*.

Comme la matiere dominante de ces Chapeaux eſt de la laine, il eſt aiſé d'en fournir de blancs ou de gris, aux Religieux qui doivent les porter de cette couleur, ou à ceux qui par goût ou par fantaiſie, veulent les avoir tels : il ſuffit alors de ne les point faire paſſer à la teinture.

On peut faire des Chapeaux avec du poil de lievre ſecrété, & de la ſoie parſilée & coupée à la longueur des poils qu'on emploie dans la Chapélerie ; j'en ai vu faire de cette eſpece où il entroit moitié de ſoie ; & d'autres où il n'en entroit que le tiers : ces Chapeaux m'ont paru plus fins que les Dauphins, & plus communs que les demi-caſtors ; on les peut dorer comme ceux-ci avec une once, ou un peu plus de caſtor. Le Chapelier qui fait uſage de ſoie, la tient toute parſilée & coupée en paquets juſqu'au moment où il en a beſoin pour faire ſon mélange.

Dans une Fabrique un peu achalandée, les mélanges ſe font pour le moins de 12 à 15 livres. Quand le Maître a peſé toutes les parties compoſantes, il les donne aux Cardeurs qui doivent les lui rendre poids pour poids, à raiſon de 6 ſols la livre pour le caſtor, & 5 ſols pour les laines & poils mêlés enſemble.

Avant que de pouvoir être cardées, preſque toutes les matieres ont beſoin qu'on qu'on les *baguette* pour commencer à les ouvrir, c'eſt-à-dire, à déſunir les parties qui ſe ſont pelotonnées & comme collées enſemble dans les tonneaux ou dans les paquets où elles ont été long-temps ſerrées & entaſſées ; & pour les purger, en les ſecouant, de la pouſſiere, de la terre même qui s'y ſeroit attachée du vivant de l'animal, ou après qu'il a été dépouillé.

Les Ouvriers ou les Ouvrieres qui doivent carder, ſont chargés de cette premiere préparation, elle fait partie de leur ouvrage, & ne ſe paye pas ſéparément.

On commence aſſez ſouvent par baguetter à part chaque partie qui doit entrer dans le mélange ; on la met ſur le plancher : l'ouvrier à genoux devant le tas, tenant dans chaque main une baguette ſemblable à celle des Chandeliers, frappe des deux à la fois, ayant attention lorſqu'il releve les baguettes, de les faire battre l'une contre l'autre, afin de ſecouer & diviſer davantage la portion de poil qu'elles enlevent.

Quand le poil a été baguetté pendant un certain temps de cette façon-là, & qu'il n'y a plus de gros pelotons, l'Ouvrier, pour achever de l'ouvrir & de le diviſer, l'ayant tout ramaſſé à ſa droite, bat ſur le bord du tas le plus près de lui, & fait entre-choquer ſes deux baguettes en les relevant, de façon qu'il fait paſſer à ſa gauche la portion la plus légere qu'elles ont enlevée; & en procédant ainſi juſqu'à la fin, il fait diſparoître entiérement les paquets ou flocons qu'il s'étoit propoſé de diviſer.

Toutes les parties étant ainſi baguettées ſéparément, l'Ouvrier les met enſemble, & recommence à les battre de nouveau, pour qu'elles ſe mêlent intimement, & qu'on ne puiſſe plus les diſtinguer les unes des autres ; pour cet effet il *coupe* deux ou trois fois, c'eſt-à-dire, qu'en pinçant le poil battu avec ſes deux baguettes, il le fait paſſer petites parties à petites parties, de ſa droite à ſa gauche, & de même enſuite de ſa gauche à ſa droite. Il y a de l'art dans ce baguettage, & je ſens qu'il eſt difficile de le bien décrire; mais on peut concevoir que par ce moyen bien ménagé, les différentes matieres ſe mêlent en ſi petites parties les unes avec les autres, que l'œil peut à peine les diſtinguer ; cela s'appelle *effacer*.

Quand il y a beaucoup de matieres à baguetter, deux Ouvriers ſe mettent en face l'un de l'autre, & travaillent de concert. Mais comme il y a des poils, tels que celui de lievre, qui *volent* beaucoup, c'eſt-à-dire, qui, à cauſe d'une grande légéreté, ſe répandent dans l'air & ſe diſſipent, ce qui cauſe du déchet, les Cardeurs qui ſont obligés de rendre poids pour poids, remédient autant qu'ils peuvent à cet inconvénient, en frottant le poil avant de le battre, avec un peu d'huile de lin ; ce qui l'empêche de voler auſſi aiſément, & répare en quelque façon par le poids de cette matiere étrangere, celui du poil qui ſe perd. Les Maîtres tolerent ce petit artifice ; mais le compagnon Chapelier s'y oppoſe, autant qu'il peut, parce que le poil ainſi huilé s'arçonne plus difficilement ; il a peine à ſe détacher de la corde, pour *voler* au gré de l'Ouvrier.

Dans quelques Fabriques de Paris, au lieu de baguetter ainsi les mélanges, on les bat avec un instrument, qu'on nomme *Violon*. Il est composé pour l'ordinaire de 16 cordes de l'espece de celle qu'on nomme *fouet*, & dont chacune a 8 pieds de longueur; elles sont toutes attachées par un bout, à égales distances les unes des autres, sur un barreau de bois *A B*, *Fig.* 12, long de deux pieds, épais de deux pouces, & large d'autant, qui est lui-même fixé par deux crochets *C D*, au bas du mur de l'atelier. Toutes ces mêmes cordes sont retenues par l'autre bout dans une piece de bois courbe *E F*, qui n'a qu'un pied de longueur, de sorte qu'elles sont une fois plus près les unes des autres de ce côté-là, que de l'autre; la piece *E F* a un manche long d'environ deux pieds, qu'un homme de bout prend à deux mains, pour faire frapper les cordes à coups redoublés, sur un tas de poil étendu par terre. *Voyez la Fig* 13, qui représente le violon en jeu.

Après que les mélanges ont été baguettés d'une façon ou de l'autre, il s'agit de les carder, pour achever d'effacer les parties composantes: car, quoiqu'elles paroissent l'être après cette premiere façon, elles ne le sont encore qu'imparfaitement, & point assez pour remplir les vûes du Chapelier; il y a des Cardeurs exprès pour la Chapélerie, & leurs cardes sont plus fines que celles des Ouvriers qui travaillent pour les Tapissiers. Je ne m'arrêterai point à décrire cet outil, qui est assez connu; si cependant le Lecteur a besoin d'instruction particuliere sur cet article, il pourra consulter l'Art du Cardier ou Faiseur de Cardes, que M. *Duhamel* décrit actuellement, & qui sera publié incessamment.

On se rappellera seulement que le Cardeur (*Fig.* 14.) en travaillant, fait agir ses cardes de deux manieres; premiérement quand il a appliqué une poignée de laine ou de poil sur celle qu'il tient de la main gauche, il la tire, l'étend, & la peigne en traînant l'autre carde dessus : ce mouvement s'appelle *trait*. Secondement, en faisant passer en sens contraire l'une de ses cardes sur l'autre, il releve & ramasse ce qu'il vient de tirer, & le rapplique de nouveau pour continuer de le tirer; chacune de ces opérations s'appelle *un tour de cardes*.

Or, le Cardeur du Chapelier ayant ses matieres nouvellement & suffisamment baguettées, commence par leur donner un cardage à 4 traits & 3 tours de cardes, ce qu'il appelle *briser*. Ensuite il les reprend, & fait un second cardage à 3 traits & 2 tours de cardes, ce qu'il nomme *repasser*. Dans ces deux façons il prend toujours la poignée qu'il doit carder sur les bords du tas, & non dans le milieu; il n'appuye que très-légérement une carde sur l'autre, & les tire doucement, pour ne faire que peigner, & ne point rompre le poil sur lequel il travaille. Le cardage est réputé bien fait, quand les différentes matieres du mélange sont tellement effacées, qu'on ne puisse plus les distinguer, & qu'il n'y a point de *Bourgeons*, c'est-à-dire, de petits flocons qui n'ayent point été ouverts.

Alors le Maître ayant reçu ſon mélange ſortant des mains des Cardeurs, le diſtribue par peſées à ſes compagnons; chaque peſée contient pour le moins l'étoffe de deux Chapeaux, qui font ordinairement la journée d'un Ouvrier; ſi c'eſt en commençant la ſemaine, il eſt aſſez d'uſage de leur en diſtribuer pour 4 Chapeaux, parce qu'on ne foule guere le Lundi; ce jour-là ils avancent leur ouvrage pour le finir les jours ſuivants.

Si les Chapeaux que le Maître donne à faire, doivent avoir de la dorure, il diſtribue à part la quantité de caſtor qu'il a deſſein d'y employer; cette partie ne ſe carde pas. Si la dorure doit ſe faire avec du poil de lievre, ou de chameau, cette partie ſe carde ſéparement & ſe diſtribue de même après la peſée des Chapeaux.

CHAPITRE TROISIEME.

De la maniere de fabriquer les Châpeaux.

Tous les Ouvriers dont j'ai fait mention juſqu'à préſent, ne ſont point Chapeliers; ce ne ſont que des Aides qui préparent les matieres, & qui les mettent en état d'être travaillées par celui qu'on appelle *Compagnon;* c'eſt entre ſes mains que commence, à proprement parler, la conſtruction du Chapeau.

Les Chapeaux au-deſſus de ceux qu'on appelle *communs*, ſe font toujours de quatre pieces, qu'on nomme *Capades*, que l'Ouvrier aſſemble, & à qui il fait prendre la conſiſtance & la forme convenables. La conſtruction du Chapeau dépend donc de trois opérations principales; par la premiere, on forme les Capades; par la ſeconde, on les aſſemble, cela s'appelle *baſtir :* par la troiſieme qui eſt la *foule*, on fait prendre à cet aſſemblage les dimenſions, la forme, & la ſolidité qui conviennent au Chapeau, ſelon ſon eſpece.

Maniere de préparer & de former les Capades.

Il y a dans l'atelier des Compagnons une balance avec laquelle chacun d'eux partage l'étoffe qu'il a reçue, en autant de parties égales qu'il doit rendre de Chapeaux; cela ſe fait ſans poids, mais ſeulement en chargeant les deux baſſins, juſqu'à ce qu'on voye par l'équilibre, qu'il y en a autant d'un côté que de l'autre.

La quantité d'étoffe qui doit entrer dans un Chapeau, ſe diviſe de la même maniere en quatre parties égales, pour former les quatre Capades (*a*), & le Compagnon les façonne l'une après l'autre de la maniere qui ſuit.

Quoique l'étoffe ait été baguettée & cardée à pluſieurs fois, & que les matieres qui entrent dans ſa compoſition ſoient bien mêlées, &, comme on dit, ſuffiſamment *effacées*, il s'en faut bien qu'elle ſoit encore diviſée, & raré-

(*a*) Les Chapeaux de laine & autres Chapeaux communs, ſe font à deux capades.

fiée au point où elle doit l'être, pour l'usage que le Compagnon en doit faire. Celui-ci commence par *l'arçonner*, c'est-à-dire, qu'il la travaille avec un instrument qu'on nomme *arçon*, dont voici la description & l'usage.

AB, *Fig.* 15, est une perche ronde, pour l'ordinaire de sapin, qui a environ 8 pieds de longueur, & deux pouces de diametre : vers l'extrémité *B*, est assemblée à tenon & mortaise, un bout de planche chantournée C, qui saille de 8 pouces, & qui s'appelle *le bec de corbin*, parce qu'en effet cette piece en a la forme. A l'autre bout de la perche, & dans le même plan, est arrêtée de la même maniere une autre planchette *D*, percée à jour, qu'on nomme *le panneau*. Cette piéce a 15 pouces de long sur 6 à 7 de large, & son épaisseur qui est de 15 lignes aux deux extrémités, va en diminuant jusqu'au milieu de la longueur.

Sur le côté *EF*, le plus avancé du panneau, est une laniere de cuir de castor, retenue de part & d'autre par des cordes qui embrassent la perche en *G* & en *H*, & qui étant doubles se tordent & se tendent à volonté par le moyen de deux petits leviers *IK*, à la maniere de celles qui servent à bander les scies.

La laniere qui est ainsi tendue suivant sa longueur se nomme *le Cuiret* : au lieu d'être appliquée immédiatement sur le côté du panneau, elle en est séparée à la distance d'une ligne ou à peu-près par une petite lame de bois qui la souleve à l'endroit le plus près du point *E* ou du point *F*, cela est égal : & cette petite piéce porte le nom de *Chanterelle*, à cause de l'effet qu'elle occasionne, & dont je parlerai bien-tôt.

Une corde à boyau d'une ligne de diamétre, fixée à l'extrémité *A* de la *Perche* par un nœud coulant, vient passer sur le milieu de la largeur du cuiret, de-là par une rainure creusée dans l'épaisseur du bec de corbin, & dans une fente pratiquée en *B*, pour s'arrêter aux chevilles *L*, *L*, *L*, avec le degré de tension que l'Ouvrier trouve à propos de lui donner. Il en juge principalement par habitude, & encore par le bruit de la chanterelle ; car lorsque la corde est en jeu, ses vibrations font battre le cuiret contre le bois du panneau ; & suivant le ton qu'elle lui donne, il connoît si elle est assez tendue ou non, pour sa maniere de travailler.

Je dis pour sa maniere de travailler ; car chaque Compagnon a la sienne, & dans un atelier où il y a 6 Arçonneurs, ce sont presque autant de tons différents ; de sorte que ces Ouvriers, lorsqu'ils ont travaillé ensemble pendant un certain temps, se reconnoissent sans se voir les uns les autres, au ton seul de l'arçon.

La corde se met en jeu par le moyen d'un outil qu'on nomme *la Coche*, *Fig.* 16. C'est une espece de fuseau de buis ou de quelqu'autre bois dur, qui a 7 à 8 pouces de longueur, & dont chaque bout est terminé par un bouton plat & rond, à peu-près comme un champignon ; l'Ouvrier le tenant de la main droite par le milieu, accroche la corde avec le bouton, & la tire à lui, jusqu'à

ce que

ce que glissant sur la rondeur du bouton, elle échappe & se met en vibration, en vertu de son élasticité.

Le maniement de l'arçon est ce qu'il y a de plus difficile pour les Apprentifs ; ils ne s'y font que par un long exercice, & il y en a peu qui parviennent à arçonner d'une maniere aisée, & sans contracter une attitude pénible & contrainte, qui va quelquefois jusqu'à leur gâter la taille, & les rendre contrefaits.

L'arçon est suspendu par une corde qui est attachée d'une part au plancher, & de l'autre, au milieu de la longueur de la perche ; il est, dis-je, suspendu à quatre pouces au-dessus d'un établi, qui a 5 à 6 pieds de long, & au moins 5 de large, & qui est porté sur des trétaux ou autrement, à la hauteur de 2 pieds 8 pouces. *Voyez la Fig* 17.

Cet établi est couvert d'une claie d'ozier fin, dont les brins sont séparés les uns des autres par de très-petits intervalles, tels qu'il les faut seulement pour laisser passer la poussiere & les petites ordures qui se dégagent de l'étoffe qu'on arçonne. *Voyez la Fig.* 18 qui représente une portion de cette claie dessinée plus en grand, afin qu'on puisse voir comment les mailles sont faites.

L'établi couvert de sa claie, est placé dans une loge qui n'a que la grandeur qu'il faut pour le renfermer, & qui est entiérement ouverte par le devant, où se place l'Ouvrier : l'un des trois autres côtés doit avoir une fenêtre qui donne un jour suffisant : les deux autres peuvent être des cloisons de bois ou de plâtre, &c, voilà l'essentiel ; mais ce qu'il y a de mieux, ou de plus ordinaire, c'est que le jour soit en face de l'Ouvrier, & qu'à sa droite & à sa gauche, on éleve sur les extrémités de l'établi, deux claies d'ozier dont les brins sont paralleles entre eux ; ces claies qu'on nomme *dossiers*, se courbent un peu l'une vers l'autre par le haut, & servent à retenir les parties les plus légeres de l'étoffe, qui, sans cette précaution, se dissiperoient en volant de côté & d'autre dans l'atelier.

L'Ouvrier saisit la perche de l'arçon à peu-près au tiers de sa longueur, en passant la main gauche dans une *poignée M* qui est faite de cuir doux ou de plusieurs bandes de linge les unes sur les autres, & qui, s'appuyant sur le revers de sa main, l'aide à soutenir le poids du panneau & du bec de corbin, qui tend à porter la corde du haut en bas, en faisant tourner la perche sur elle-même : il étend le bras pour dégager la corde, & il la tient avec la perche dans un plan à peu-près parallele à celui de l'établi. *Voyez la Fig.* 17.

L'instrument étant dans cette situation, la corde est susceptible de 4 mouvements : 1°, De se mettre en vibration par les coups de coche, comme on l'a expliqué ci-dessus ; 2°, de s'élever & de s'abaisser parallélement au plan de l'établi ; 3°, de s'incliner plus ou moins à ce même plan ; 4°, enfin, de tourner horizontalement avec la perche autour du point de suspension.

C'est par ces quatre mouvements combinés & ménagés avec adresse, que l'Arçonneur vient à bout de préparer & de disposer l'étoffe de ses capades; il commence par *battre*, & finit par *voguer*.

Pour battre l'étoffe d'une capade, il la place au milieu de l'établi; il y fait entrer la corde de l'arçon, & sans qu'elle en sorte il la met en jeu, à grands coups de coche, ayant soin de la porter tantôt plus haut, tantôt plus bas, & d'avant en arriere; ce qu'il fait à plusieurs reprises, jusqu'à ce qu'il s'apperçoive que toutes les cardées sont bien effacées, & que toutes les parties également brisées par les vibrations de la corde, se séparent & s'envolent au moindre souffle.

Lorsqu'en battant ainsi, il a éparpillé son étoffe, il la ramasse sans y toucher avec la main, mais seulement avec le bout de l'arçon qu'il porte de gauche à droite, & de droite à gauche, pour refaire le tas; il modere les coups de coche, & diminue leur fréquence, quand il est sur la fin, quand il n'a plus affaire qu'à de petits flocons, qui se sépareroient de la masse, s'il les chassoit avec plus de violence.

Après avoir suffisamment battu son étoffe, le Compagnon la *vogue*, & c'est-là le moment où l'arçon a besoin d'être habilement manié. *Voguer* l'étoffe, c'est l'arçonner de maniere que ses moindres parties pincées successivement par la corde, soient enlevées & transportées de la gauche à la droite de l'Ouvrier, en faisant en l'air un trajet de plus de 2 pieds: de sorte qu'après cette opération, une très-petite quantité de matiere forme un tas considérable, mais d'une raréfaction & d'une légéreté si grande & si uniforme, qu'on croiroit voir un monceau du plus fin duvet, & que le moindre vent feroit capable de tout dissiper en un instant.

Quelquefois l'Ouvrier vogue deux fois; & pour cet effet, il ramene son étoffe vers sa main gauche sur l'établi, en la poussant légérement, non avec la main, mais avec un *clayon* (*Fig.* 19), qui a 14 pouces de long, sur 12 de large, & qui est garni d'une poignée au milieu; il la ramasse en un tas à peu-près rond, & plus épais vers le centre que vers les bords. Alors faisant agir l'arçon, il faut non-seulement qu'il fasse passer son étoffe de sa gauche à sa droite, comme la premiere fois; mais ce qu'il y a d'essentiel & de plus difficile, c'est que le poil, à mesure qu'on le vogue, doit tomber tout dans une espace d'une figure déterminée, d'une certaine grandeur, & s'amasser de maniere qu'il produise des épaisseurs différentes en telles & telles parties du tas qu'il forme.

L'espace dont il s'agit est une espece de triangle (*Fig.* 20), formé par 3 lignes dont 2 *AD*, *BD*, sont presque droites, & la troisieme *AEB*, est un arc de cercle ou à peu-près: sa grandeur varie suivant les dimensions qu'on veut donner au Chapeau, & encore plus, selon la nature de l'étoffe qu'on employe; car il y en a qui rentrent à la foule beaucoup plus que d'autres, & avec celles-là on tient les capades plus grandes: pour des Chapeaux fins, assez communément la distance d'*A* en *B* est de 40 à 42 pouces; celle de *D* en *C* de 14, & celle de *C* en *E* de 10 pouces.

L'Ouvrier commence donc par voguer à petits coups & prenant peu d'étoffe à la fois, pour former la pointe *b B*; puis continuant en reculant son arçon, & faisant agir une plus grande partie de la corde pour fournir davantage, à mesure que le tas de la matiere voguée s'élargit; il remplit tout ce qui est entre la pointe *B b*, & la ligne *DE*; il charge de même toute la partie qui est entre cette ligne & l'autre pointe *A a*, en modérant les coups d'arçon à mesure que l'espace qu'il veut remplir se rétrécit; & il finit par employer le reste de son étoffe sur les endroits où il voit qu'il en manque, pour rendre les épaisseurs telles qu'elles doivent être.

Ces épaisseurs doivent aller en diminuant depuis le contour intérieur *adbe*, jusqu'au contour extérieur *A D B E*, qui termine la figure : de sorte que la *Figure* 20 représentant le plan du tas d'étoffe ainsi voguée, la *Fig.* 21 en représente la coupe suivant la ligne *A B*, & la *Fig.* 22 celle du même tas suivant la ligne *D E*.

Mais quelqu'habile que soit l'Ouvrier, il est rare que par le seul jeu de l'arçon, il parvienne à donner à son tas d'étoffe le contour & les dimensions qu'il doit avoir; il y supplée avec le clayon qu'il promene tout autour pour rapprocher les parties qui s'écartent de son dessein; & comme ce clayon est un peu courbe, il l'appuie légérement d'abord par la convexité sur toute la bande *A a*, *D d*, *B b*, *E e*, & ensuite en appuyant davantage, tant sur le milieu que sur les bords, il applatit le tout & le réduit à l'épaisseur d'un doigt ou environ.

La capade commence donc à prendre forme & consistance sous le clayon; quand elle en sort, elle ressemble assez à un morceau de ouatte épaisse, taillé comme la *Figure* 20. Les Ouvriers y distinguent plusieurs parties; *D d* se nomme la *tête*; ce qui est terminé par les deux pointes *A a*, *B b*, s'appelle les *ailes*; & le bord *A E B*, est *l'arête*; on continue de façonner la capade en la *marchant* avec la *Carte*.

Marcher la capade avec la carte, c'est la couvrir d'un grand morceau de parchemin fort épais, ou d'un carré de cuir de veau corroyé, comme celui dont on fait les empeignes des souliers communs, & presser dessus avec les deux mains, ce qu'on applique successivement sur toutes les parties : le plat de la main ainsi appliqué doit agir à chaque endroit par petites secousses; & en passant de l'un à l'autre, il ne doit point quitter la carte, mais seulement glisser dessus.

Quand les mains ont ainsi parcouru toute l'étendue de la capade, l'Ouvrier, pour la visiter, leve la carte : s'il apperçoit quelque endroit qui n'ait point été suffisamment marché; il recommence sa premiere opération, en appuyant davantage ou plus souvent sur les endroits qu'il a remarqués en avoir besoin.

Cela étant fait, il leve de nouveau la carte; il sépare doucement la capade de dessus la claie; il la retourne, pour la marcher du côté opposé à celui ſur lequel il vient de travailler ; ayant toujours ſoin de lever la carte de fois à autre, pour voir ſi ſon étoffe ſe feutre également par-tout.

Lorſque la capade a été ſuffiſamment marchée avec la carte, l'Ouvrier la replie ſur elle-même, en portant l'aîle qui eſt à ſa gauche, ſur celle qui eſt à ſa droite, comme on le peut voir par la *Figure* 23, & il arrondit l'arête en déchirant légérement avec deux doigts de ſa main droite, tout ce qui excéde la ligne ponctuée *A G E*, tandis qu'il contient l'étoffe avec ſa main gauche poſée à plat, & qu'il fait ſuivre à côté de la même ligne ; & ſi les bords qui vont de la pointe des aîles à la tête ſe dépaſſent l'un l'autre, il rogne de même l'excédent.

L'arête arrondie devient un arc de cercle dont le centre eſt en *D* : mais l'Ouvrier n'emploie pour cela aucune autre meſure que le coup-d'œil & l'habitude ; il met à part ſes rognures, ainſi que la capade qu'il vient de faire après l'avoir pliée proprement.

Chacun plie la capade à ſa maniere, cela n'eſt aſſujetti à aucune regle ; cependant la plûpart des Compagnons que j'ai vû travailler, la plioient ainſi : ils faiſoient un pli ſur la ligne *A I*, *Figure* 24 ; en apportant la tête *D* ſur le point *E*, enſuite ils prenoient les deux aîles *A B*, déjà appliquées l'une ſur l'autre pour les porter en *a*, *b*, en faiſant un pli ſur la ligne *G H* ; de ſorte que la capade étoit réduite en un pacquet preſque quarré *E I G H*.

Les quatre capades étant faites & pliées ainſi, ce que l'Ouvrier a retranché en arrondiſſant les arêtes & en réglant les autres bords, il le raſſemble au milieu de ſa claie, le rabat & le vogue, de maniere qu'il en forme une bande mince & large de quatre pouces ou environ, ſur toute ſa longueur ; cette bande étant marchée au clayon & à la carte, comme il a été dit ci-deſſus, ſe nomme *Piéce d'Etoupage*, parce qu'elle s'emploie par morceaux, à *Etouper* ; c'eſt-à-dire, à garnir les endroits des capades, qui ſe trouvent trop foibles, comme je l'expliquerai dans la ſuite.

Si le Chapeau doit avoir de la *dorure*, l'Ouvrier prend la quantité de poil non cardé (*a*) qui y eſt deſtinée ; (en caſtor, c'eſt ordinairement une once ; quelquefois moins), il la partage à la balance ou à la vûe, en deux parties qu'il arçonne ſéparément. Les Chapeliers appellent *dorure* une légere couche de poil d'élite dont ils couvrent les parties les plus apparentes du Chapeau ; quelquefois on ne dore que la tête, plus ſouvent on dore auſſi l'une des deux faces du bord ou bien toutes les deux, mais jamais le dedans de la tête ; on en ſent aſſez la raiſon.

Si l'on ne doit dorer que le dehors de la tête & celle des deux faces du bord, qui eſt à l'envers du Chapeau, le Compagnon partage ſon étoffe en deux parties, dont l'une (qui eſt un peu plus forte que l'autre), ſert à former deux piéces qu'on

(*a*) Le plus ſouvent la dorure eſt de caſtor non ſecrété, & alors on ne le carde point : mais quand c'eſt du poil ſecrété qu'on y emploie, il faut qu'il ſoit cardé.

qu'on nomme *les Travers* : & de la plus foible, il forme deux autres piéces qu'on appelle *les Pointus.*

Il bat d'abord l'étoffe des travers, & la vogue, en lui faisant prendre la forme d'un ovale ou d'un quarré long dont les angles seroient fortement arrondis, (*Fig.* 25), en observant que l'épaisseur soit égale par-tout; & si le contour ne lui paroît point conforme à son dessein, il acheve de le régler avec le clayon qu'il promene en appuyant légérement sur les bords. Il marche cette piéce avec la carte, comme il a marché les capades; il la roule ensuite par les deux bouts, suivant sa longueur, de maniere que les deux parties roulées se rencontrent à la ligne *EF*, & s'appliquent l'une sur l'autre, comme on le peut voir par la *Fig.* 26. Alors empoignant des deux mains ce double rouleau tout auprès de la ligne *g h*, il le rompt & en fait deux morceaux qui étant déployés auront chacun la forme de C *B* E (*Fig.* 25.)

Le reste de l'étoffe destiné à la dorure, se divise encore en deux parties, mais égales, lesquelles battues à l'arçon, voguées & marchées séparément, doivent former deux petites capades semblables aux grandes, quant à la figure, mais d'une épaisseur beaucoup moindre que la leur, & égale partout.

Si le Chapeau doit être entiérement doré en dessus, c'est-à-dire, si la dorure de la tête doit aller non-seulement jusqu'au lien, mais s'étendre en continuant jusqu'à l'arête, alors la plus forte partie de l'étoffe qui y est employée, se partage en deux parties égales, dont on fait deux piéces, qui ont, comme les précédentes, non-seulement la forme, mais presque la grandeur d'une capade, je dis presque la grandeur ; car comme cette partie de la dorure ne s'applique qu'à la foule, & lorsque le Chapeau est déja un peu *rentré*, il n'est pas nécessaire qu'elle soit tout-à-fait aussi grande qu'une capade avant le bastissage.

On fait encore quelquefois des Chapeaux, que l'on nomme *Chapeaux à plumet*, parce qu'en les fabriquant on ménage tout autour du bord une frange de poil qui le dépasse de 7 à 8 lignes, & qui imite le plumet : quand on veut que le Chapeau en ait un, il faut en préparer les piéces avant que de quitter l'arçon.

Ces piéces se font avec l'arête du castor le plus beau & le plus long ; on les arçonne & on les marche comme des travers & sous la même forme ; avec cette différence qu'au lieu d'être d'une épaisseur égale dans toute leur étendue, on les tient un peu plus fortes vers le bord qui doit excéder celui du Chapeau. Elles s'appliquent à la foule, & l'on en met plusieurs les unes sur les autres, comme je l'expliquerai ci-après : ce nombre n'en est point fixe ; les uns en mettent cinq, les autres six, & cela fait dix ou douze piéces à préparer ; car il en faut deux pour faire le tour du Chapeau ; il faut, pour un plumet un peu étoffé, depuis un once & demie jusqu'à deux onces de poil.

C'est principalement en façonnant les capades, la piéce d'étoupage, celles de la dorure, &c. que l'Ouvrier doit être attentif à nétoyer son étoffe : indépendamment de la poussiere qui se tamise au travers de la claie, & qui tombe d'elle-même sur l'établi, il y a encore d'autres ordures qui sont adhérentes, & qu'il faut enlever avec les doigts, tels sont *les poils Morts & Catis*, qui n'ont pas pû s'effacer au cardage ni à l'arçon; telles sont *les Chiquettes*; on appelle ainsi les parcelles de peau que le couteau de la Coupeuse & celui de l'Arracheuse ont détachées, & qui ne se séparent point du poil. Ainsi, soit en battant, soit en voguant, dès que le Compagnon apperçoit quelque corps étranger, il le pince légérement avec le bout des doigts, & l'enleve; de même, en façonnant ses capades d'un côté & de l'autre, chaque fois qu'il leve la carte, il les épluche soigneusement, & les rend nettes, le plus qu'il peut.

Maniere de Bastir le Chapeau & d'appliquer la dorure.

Bastir le Chapeau, c'est assembler les capades, les lier ensemble par le feutrage, & faire prendre à cet assemblage la consistance nécessaire pour le mettre en état de soutenir les efforts de la foule.

Cela se fait sur une table bien solide & bien unie, qui peut avoir 4 à 5 pieds de longueur sur deux & demi au moins de largeur, montée sur 4 pieds à la hauteur de 30 pouces, & placée, autant qu'on le peut, de maniere que l'Ouvrier travaillant sur l'un de ses grands côtés, reçoive le jour en face. Autrefois il y avoit au milieu de cette table, une ouverture ronde, de 20 pouces de diametre, qui répondoit à un fourneau dans lequel on entretenoit un peu de feu; le bord de cette ouverture avoit une feuillure pour recevoir une platine de fer de fonte dont le dessus affleuroit celui de la table. C'étoit sur cette plaque de métal, toujours chaude à un certain degré, que l'Ouvrier travailloit, & cela s'appelloit *Bastir au bassin.* Aujourd'hui cette pratique est presque généralement abandonnée, au moins dans les Fabriques des Chapeaux fins; la table du bastissage est pleine, & cette façon se donne à froid. *Voyez la Fig.* 27.

Avant que de venir à assembler les capades, les Compagnons les marche dans *la Feutriere* pour leur donner plus de consistance qu'elles n'ont pû en recevoir sous la carte; sans cela, le Chapeau basti courroit risque de *s'ouvrir* au feutrage, c'est-à-dire, de s'étendre au-delà des dimensions qu'il doit avoir, quand on le porte à la foule.

La *feutriere* est un morceau de toile bise, bien souple, d'une aune de large, & de cinq quarts de long; elle est ordinairement assez sale, parce qu'on l'humecte souvent, ce qui donne lieu à la poussiere de s'y attacher; on la met à la lessive, quand on s'apperçoit qu'elle est devenue dure en se salissant, ce qui arrive une fois ou deux dans le courant d'une année. L'ouvrier en étend environ la moitié de la longueur en travers sur la table (*Fig.* 35), & laisse pendre le reste devant lui ; il mouille la partie étendue le plus légérement & le plus également qu'il peut, avec un bouquet de fragon (*a*) & de l'eau qu'il a auprès de lui dans une petite terrine ; cette aſperſion a pour objet de donner à la feutriere beaucoup de ſoupleſſe, & une petite moiteur qui puiſſe ſe communiquer à l'étoffe ſans la mouiller ; car ſi ce dernier effet avoit lieu, les capades s'attacheroient à la toile, & ne manqueroient pas de ſe déchirer. Il déploie & il étend ſur la feutriere ainſi préparée, une des capades, ſur laquelle il applique une feuille de papier un peu épais, mais mollet, ſans roideur ; par-deſſus ce papier une autre capade qui répond à la premiere, partie pour partie, bord pour bord ; & toute deux ayant l'arête tournée du côté de l'Ouvrier, & les deux aîles, l'une à ſa droite, l'autre à ſa gauche : alors le Compagnon reléve la partie pendante de la feutriere, qu'il étend ſur les capades ; de ſorte que celles-ci ſe trouvent renfermées entre deux toiles, avec une feuille de papier interpoſée entr'elles ; & il a ſoin d'humecter encore la toile par une légere aſperſion.

Les capades étant ainſi diſpoſées, l'Ouvrier les marche en différents ſens, c'eſt-à-dire, qu'il les plie en deux, en quatre, en ſix, tantôt en allant de l'arête à la tête, enſuite de l'aîle gauche à l'aîle droite, tantôt dans des ſens directement oppoſés, mettant en-dehors ce qui avoit été plié en-dedans, d'autres fois dans des directions obliques aux précédentes ; mais toujours en obſervant à chaque pli qu'il fait, d'appuyer deſſus à pluſieurs repriſes & par petites ſecouſſes avec les deux mains. Cette preſſion ſe fait, non-ſeulement en appuyant de haut en bas directement ; mais encore en preſſant un peu les mains d'avant en arriere, & d'arriere en avant : de temps en temps il ouvre la feutriere pour voir comment va l'Ouvrage, & réitere ſes aſperſions pour entretenir la ſoupleſſe & la moiteur qui facilite le feutrage.

Pourvû que la preſſion avec les mains dont je viens de parler, ſe faſſe ſucceſſivement & également ſur toutes les parties des capades, n'importe de quelle maniere on ait plié pour y parvenir ; c'eſt une affaire d'habitude & de routine ; chaque Ouvrier prend celle qu'il veut : cependant je vais rendre ce que j'ai vû pratiquer par le plus grand nombre de ceux que j'ai vûs travailler.

La partie *ACBD* de la feutriere (*Fig.* 28), étant relevée & appliquée ſur les capades, l'Ouvrier prend l'un après l'autre les deux coins qui ſe trouvent en *c*, & les amene en *E* ; de même ceux qui ſont en *d*, pour les amener en *F* ; puis ayant pris la partie *AG*, à deux mains, il la couche en avant, & plie ainſi quatre fois, en allant droit à la ligne *HI* ; il réſulte de-là un paquet tel qu'il eſt repréſenté par la *Fig.* 29. Après avoir marché ces quatre premiers plis, il déroule, & en fait quatre autres : en portant la partie *BH*, directement à la ligne *GK*, & les marche de même : il roule encore, & fait trois nouveaux plis, en faiſant aller la partie *AB*, vers la tête *IK* ; ce qui forme

(*a*) Le *Fragon* eſt une petite eſpece de Houx, qu'on appelle auſſi *Myrte épineux*, parce que ſa feuille qui eſt taillée comme celle du myrte, finit par une pointe très-aiguë & très-piquante.

un rouleau applati, représenté par la *Fig.* 30. Lorsqu'il a marché ces trois derniers plis, il les défait pour en recommencer trois autres de la tête *IK*, à la ligne *AB*, pliant en-dedans, ce qui vient d'être mis en-dehors, comme on le peut voir par la *Fig.* 31. Enfin, il plie quatre fois en portant la partie *IK* vers l'angle *A*, & *GK* vers l'angle *B*, & aussi-tôt après, chacun de ces angles à l'une & à l'autre de ces deux lignes.

On marche ainsi les capades deux à deux; après quoi, on les retire de la feutriere, on les sépare l'une de l'autre, & l'essentiel est que chacune d'elles ait été marchée également dans toute son étendue, & qu'étant toutes quatre suffisamment feutrées, pour ne point s'ouvrir au bastissage, elles soient encore assez molles, pour s'attacher ensemble & se souder, pour ainsi dire, lorsqu'on les aura assemblées, & qu'on les marchera les unes immédiatement sur les autres, ainsi que sur la dorure.

Il est question maintenant de bastir le Chapeau, & voici de quelle maniere on s'y prend. Le Compagnon étend la moitié de sa feutriere en travers sur la table, comme il a été dit plus haut; il déploye dessus une de ses capades, ayant soin de tourner l'arête de son côté : il la couvre d'un morceau de papier *a D*, épais, mais très-souple, qu'on nomme *le lambeau*, (*Fig.* 33.) & qui est taillé comme la *Fig.* 32. Mais comme il reste encore deux parties à couvrir aux côtés du lambeau, on ajoûte auprès de celui-ci deux morceaux de papier, *b* & *c*, qui lui servent de supplément, *Fig.* 33.

Les bords *AB*, *AC*, de la capade dépassent ces trois piéces d'un pouce & demi ou un peu plus, que l'on rabat sur le papier, de sorte qu'*A* vienne en *a*, *B* en *b*; *C* en *c*, & le Compagnon arrange ce bord rabattu avec ses doigts, de maniere qu'il ne reste aucun pli. Cela étant fait, il applique la seconde capade, comme *ABCD*, d'où il arrive que les deux côtés *AB*, *AC*, débordent de la même quantité, dont la premiere a été rabattue sur le lambeau; il retourne le tout, & rabat cet excédent en commençant par la tête, & ayant soin de détirer légérement l'étoffe avec le bout des doigts, pour effacer les plis, & rendre l'épaisseur égale par-tout. Il couvre ce premier basti avec la partie pendante de la feutriere; il en rabat les coins comme je l'ai montré par la *Fig.* 28; il plie & marche en différens sens, comme il a fait pour disposer les capades au bastissage, & il entretient par de petites aspersions, la souplesse & la moiteur, toujours nécessaires dans ce travail.

Les bords des capades ainsi croisés & marchés les uns sur les autres, se prennent & se lient d'une maniere inséparable : l'interposition du lambeau & de ses suppléments ne permet point que les autres parties contractent aucune adhérence; & le tout ensemble devient une espece de chausse ou de sac pointu, qui, applati sur lui-même, conserve encore la forme d'une capade.

Mais ce sac n'a sur son épaisseur, que la moitié de l'étoffe qu'il doit avoir, il faut le doubler avec les deux capades qui restent, & voici comment cela se fait.

La

La feutriere étant ouverte, le lambeau & les autres papiers étant ôtés, le Compagnon passe ses mains dans l'assemblage des deux premieres capades dont je viens de parler, le souleve & le fait tourner de droite à gauche, de façon que les côtés *ef*, & *fg*, (*Fig.* 34) où sont les jointures, viennent au milieu sur la ligne *fh*, & sur celle qui lui est opposée en-dessous. Il détire un peu l'étoffe des deux côtés de cette ligne, pour effacer le pli; il fait une légere aspersion, & il applique la troisieme capade, en la faisant déborder de deux bons travers de doigt par les côtés, comme *EFG*; il retourne le tout & rabat ce qui excéde, en commençant toujours par la tête *F*, & ayant soin d'effacer tous les plis, & principalement celui du milieu, qui répond à la ligne *fh*. Cela étant fait, il mouille encore légérement avec le goupillon, & puis il applique la quatrieme capade, qu'il fait déborder comme la troisieme, & qu'il rabat de même après avoir retourné sa piéce; il remet le lambeau, il releve la partie pendante de la feutriere par-dessus; il fait une aspersion, il ramene les coins comme dans la *Fig.* 28; il plie & il marche, comme il a été dit ci-dessus.

Si le Chapeau, tandis qu'on le marche, n'étoit jamais plié que sur les lignes *ef*, *fh*, ou sur *fg*, & sa pareille, ces deux plis croisés au sommet *f* resteroient marqués & feroient un très-mauvais effet: pour éviter qu'il n'ait lieu, l'ouvrier a l'attention d'ouvrir souvent la feutriere, & de replier son Chapeau sur d'autres lignes, faisant passer, par exemple, *fe* successivement en *fi*, *fk*, &c. & cela s'appelle *décroiser*. Le marcher du bastissage exige donc essentiellement quatre choses; 1°, qu'on entretienne la moiteur & la souplesse, par de petites aspersions; 2°, que par des feuilles de papier interposées, on empêche l'adhérence par-tout où elle ne doit point avoir lieu; 3°, que l'on plie en toutes sortes de sens, pour rendre le feutrage égal & uniforme; 4°, que l'on décroise, autant qu'il est nécessaire, pour effacer les plis qui se font de la tête à l'arête.

Il est aisé d'appercevoir maintenant pourquoi, lorsqu'on forme les capades, on entretient minces les deux bords qui aboutissent à la tête; puisque pour les joindre au bastissage, il faut faire croiser les bords de l'une sur ceux de l'autre; on amincit ces parties, pour empêcher qu'en s'appliquant les unes sur les autres, elles ne produisent de trop grandes épaisseurs.

La plus grande épaisseur du Chapeau doit être à l'endroit qu'on nomme le *lien*, où la tête & le bord se joignent. Depuis là jusqu'à l'arête, & de l'autre part jusqu'au haut de la tête, elle doit aller en diminuant; & c'est pour cette raison qu'on donne aux capades les proportions dont j'ai parlé ci-dessus (page 27.) & que j'ai représentées par les *Figures* 20, 21 & 22: mais quelque soin qu'on prenne pour régler ces épaisseurs, & pour les entretenir, il y a toujours des endroits foibles qui en interrompent la régularité, & qui, s'ils restoient; rendroient le Chapeau très-défectueux: l'Ouvrier en fait une recherche exacte en marchant au bastissage : quand les quatre capades sont assemblées, chaque fois qu'il décroise, il tient son Chapeau ouvert avec les deux mains, & vis-à-vis du jour, (*Fig.* 35.) ou bien il pince l'étoffe, tantôt simple, tantôt doublée entre le pouce & l'index qu'il promene de gauche à droite, en la tâtant, & quand il apperçoit quelqu'endroit plus clair que les autres, il le marque en appuyant le doigt dessus, & il y applique un morceau qu'il tire de sa piéce d'estoupage, en le déchirant avec les doigts, & non en le coupant avec des ciseaux ; car il est nécessaire que les bords de ce morceau soient amincis, & restent filandreux ; lorsqu'il a garni plusieurs endroits de cette maniere, il y étend quelques morceaux de papier, il recouvre avec la feutriere, il mouille si cela est nécessaire, & marche à l'ordinaire.

Cette façon de remédier aux endroits foibles, s'appelle *garantir*, & comme elle se pratique en foulant, aussi bien qu'en bastissant, l'on distingue l'une de l'autre, en disant, *garantir au bassin* & *garantir à la foule* : je parlerai de cette derniere, lorsqu'il en sera temps.

Le Chapeau étant basti & garanti, comme je viens de l'expliquer, il est en état de recevoir la dorure : s'il n'en doit avoir qu'à la tête, c'est en le foulant qu'on la lui appliquera ; si le bord doit en avoir à l'une de ses faces seulement, c'est celle de l'envers qui la recevra, immédiatement après le bastissage. L'envers du Chapeau est le côté de l'étoffe qui fera le dedans de la tête, & la face apparente du bord, quand il sera retroussé : ce côté est celui qui a été en-dehors pendant tout le temps du bastissage, & sur lequel on a garanti.

S'il s'agit donc d'appliquer de la dorure à la face du bord la plus apparente des deux, on laisse le Chapeau étendu sur la feutriere, tel qu'il étoit lorsqu'on a fini de le bastir (*Fig.* 36), avec quelques morceaux de papier étendus dedans, pour empêcher que les parties qui se touchent ne s'attachent l'une à l'autre. On prend ensuite un des travers qu'on déroule & qu'on étend sur toute la face *LMQONP*, ayant soin premiérement de détirer doucement l'étoffe, & de la presser avec les doigts pour bien effacer tous les plis ; & en second lieu de la rogner en déchirant ce qu'il y a de trop aux deux bouts *lm*, *no*, afin qu'elle ne couvre point tout-à-fait jusqu'à *ML*, & *NO*. On retourne le Chapeau pour appliquer de même l'autre travers sur la partie opposée, on recouvre le tout avec la feutriere, on plie & l'on marche à la maniere ordinaire.

Cela étant fait, on ouvre la feutriere, on décroise en faisant venir la ligne *ON*, à la place de *PQ*, & *LM*, à celle qui est opposée en-dessous. On garnit de deux petites bandes de dorure ces deux parties qui n'en ont point ; & on en met aussi des petits morceaux par-tout où il en peut manquer, ayant toujours attention que ces piéces rapportées ayent été déchirées & non coupées ; & l'on reléve encore la feutriere pour les marcher.

Ici finit le bastissage, quand on ne doit plus dorer que la tête du Chapeau ;

parce que cela se fait ordinairement à la foule : mais si la dorure doit continuer de la tête jusqu'à l'arête, voici ce qui reste à faire. L'Ouvrier retourne le Chapeau, & mettant en-dehors ce qui est en-dedans ; & pour cet effet, il passe sa main gauche en *P* (*Fig.* 36), pour soulever la partie de dessus, & le Chapeau étant ouvert, il fait rentrer le bout *R*, en le frappant légérement avec la main droite ; il saisit aussi-tôt cette partie par dedans, il la tire en enhaut, & le reste se retourne de soi-même en retombant par son propre poids. Il remet donc le Chapeau ainsi retourné à plat sur la feutriere ; & après avoir mis dedans quelques feuilles de papier pour empêcher que la dorure, nouvellement appliquée, ne s'attache une partie contre l'autre, il étend dessus un des *pointus*, que j'ai dit être taillé comme une capade, il l'y applique avec les mêmes attentions qu'il a eues en mettant les travers, & la termine comme eux à un pouce près ou un peu moins des côtés *L M R*, *O N R*. Il retourne la piece pour en faire autant de l'autre côté avec le pointu qui reste ; il marche un peu pour faire prendre cette dorure : il décroise aussi-tôt, pour garnir les deux bandes *O N R*, & *L M R*, & tous les endroits qui en ont besoin, s'il y en a d'autres ; après quoi il remet la feutriere par dessus, & marche pour la derniere fois (*a*).

L'Ouvrier en bastissant, comme en arçonnant, doit être attentif à nettoyer son étoffe, tant celle du Chapeau, que celle de la dorure ; il s'y trouve presque toujours un peu de ce gros poil, qu'on nomme *jarre*, qui ne se feutre point, & qui se porte immanquablement du dedans au dehors, à mesure que le travail avance ; il faut nécessairement l'enlever dès qu'il paroît à la superficie ; car s'il y reste, il donne un mauvais œil à l'ouvrage, & le rend rude au toucher.

Le bastissage étant entiérement fini, la dorure appliquée, & le tout suffisamment marché, l'Ouvrier plie son Chapeau proprement, & le met à part jusqu'au moment où il doit le fouler. La maniere de plier le Chapeau après le bastissage, est une chose assez arbitraire ; cependant à en juger par ce que j'ai vû pratiquer, voici l'usage ordinaire : on plie d'abord sur la ligne *A B*, (*Fig.* 37) faisant venir l'arête *A C B* sur *A c B*. Ensuite on fait un second pli sur *E F*, pour amener la tête *D* vers *c*, puis un troisieme sur *E G*, & un quatrieme sur *F H*, en portant les deux pointes des aîles l'une vers l'autre, & enfin un dernier pli sur *I K*, d'où il résulte un pacquet quarré un peu plus long que large, comme il est représenté par la *Fig.* 38.

Maniere de fouler le Chapeau, d'appliquer la dorure de la tête, & le plumet.

C'est principalement à la foule, que l'on fait prendre au feutre la consis-

(*a*) Cette pratique est désaprouvée par bien des Maîtres, parce qu'elle ôte la liberté de garantir à la foule.

tance qu'il doit avoir, que l'on forme le Chapeau, & qu'on fixe ses dimensions. Tout ce travail se fait dans un atelier à rez-de-chaussée, sous un hangard, ou dans quelqu'autre lieu couvert suffisamment éclairé, & où l'on peut se procurer de l'eau aisément.

L'appareil de la foule consiste en une chaudiere plus longue que large, établie sur un fourneau de maçonnerie, & entre deux tables de bois fort épaisses, qui regnent sur ses deux grands côtés & qui forment deux plans inclinés vers elle; par des vûes d'œconomie & de commodité, on est dans l'usage de construire à l'entrée du fourneau, une étuve qui s'échauffe assez pour sécher pendant la nuit les Chapeaux qui ont été foulés pendant la journée précédente : il est à propos de décrire tout cela en détail.

La chaudiere (*Fig.* 39) est de cuivre rouge; elle est formée en quarré-long, ayant les angles un peu arrondis, les quatre côtés sont inclinés entre eux, de maniere qu'elle est plus étroite & moins longue en bas qu'en haut; son bord est rabattu en dehors, & forme tout autour une plate-bande qui peut avoir 2 pouces & demi ou 3 pouces de largeur : dans les ateliers où l'on fait travailler 6 ou 8 Compagnons ensemble (ce qui est assez commun, sur-tout dans les grandes villes), la chaudiere a par enhaut près de 4 pieds de long, 13 à 14 pouces de large, & autant ou un peu plus de profondeur.

Le fourneau proprement dit, *ABC* (*Fig.* 40), est bâti en briques ou avec des morceaux de tuiles, & un mortier de cette terre franche, qu'on nomme communément *terre à four* : il est d'une forme ovale, un peu plus étroit par devant que par derriere, avec une épaisseur de 7 à 8 pouces : ayant son entrée *A* à l'une de ses extrémités, & étant revêtu d'ailleurs d'une maçonnerie de moëlons & de plâtre *DEFG*, épaisse encore de 7 à 8 pouces pour le moins.

A 6 pouces au-dessus du fond de ce fourneau, & dans un même plan, sont fixées trois ou quatre barres de fer quarrés, *aa*, *bb*, *cc*, &c, dont chaque côté peut avoir un pouce & demi de largeur; c'est sur elles qu'on place les morceaux de bois : comme le feu est grand, & qu'il dure 8 ou 10 heures, il est à propos que ces barres de fer soient grosses, pour ne point plier quand elles deviennent rouges.

A 7 pouces de distance au-dessus de cette espece de chenets, doit se trouver le fond de la chaudiere *ef*, laquelle est suspendue & arrêtée par son bord plat sur celui du fourneau, comme on peut le voir en *gh*, (*Fig.* 41 & 42.)

Le dessus du fourneau avec la maçonnerie dont il est revêtu, n'est point horizontal : les deux parties qui regnent sur les côtés longs, sont tellement inclinées entr'elles, que deux tables de bois fort épaisses dont elles sont revêtues, puissent rejetter très-promptement dans la chaudiere toute l'eau qu'on répand dessus. Il ne faut cependant pourvoir à cet effet, qu'autant qu'il est nécessaire; car si les tables avoient un penchant trop rapide vers la chaudiere, l'Ouvrier qui doit fouler dessus, ne seroit plus en force : chacune d'elles fait

avec

avec le plan horizontal, un angle d'environ 25 degrés. Le bord le plus élevé de chacune des tables ne doit pas l'être au-delà de trois pieds au-dessus du terrein; s'il l'est par lui-même, on y remédie en pratiquant une banquette d'une hauteur convenable, aux deux côtés du fourneau.

Ces deux tables *HI, LM, Fig.* 42, s'appellent *les bancs* de la foule, elles sont ordinairement de noyer ou d'orme, épaisses de 2 pouces ou de 2 pouces & demi, longues de 10 à 12 pieds, sur 22 ou 24 pouces de largeur; il est essentiel qu'elles soient bien unies, sans aucune fente, sans aucun trou, & qu'elles recouvrent & rejoignent si bien le bord plat de la chaudiere, que l'eau qu'elles rejettent dans celle-ci, ne puisse s'introduire dans le fourneau : la rive d'enbas est rebordée d'une bande de bois de chêne d'un bon pouce d'épaisseur, & qui excede d'autant le plan supérieur; en attachant cette derniere piece, on enferme dessous plusieurs bandes de papier, qui rendent la jonction plus exacte, & qui empêchent l'eau de passer : on retranche de ce rebord tout ce qui se trouve vis-à-vis la chaudiere, à l'exception de quelques petites parties *K, L, k, l*, qu'on réserve, & qu'on appelle *Boutons*, pour retenir un rouleau de bois dont le compagnon se sert fréquemment, & qui sans cette précaution, tomberoit souvent dans la chaudiere.

L'entrée *A* du fourneau (*Fig.* 40) répond à l'intérieur d'une petite chambre quarrée *AMNO*, haute d'environ 8 pieds, & dont chaque côté peut avoir 3 pieds & demi, ou tout au plus 4 pieds de large : elle doit être de mâçonnerie, ou au moins être enduite de plâtre intérieurement. L'entrée *O* est très-étroite & très-basse; celle que j'ai mesurée n'avoit que 16 pouces en largeur, sur 2 pieds & demi de hauteur, & l'on évite toujours de la faire au côté qui fait face à l'entrée du fourneau.

Cette chambre est une étuve : la fumée & la chaleur du fourneau s'y portent par un canal *P* (*Fig.* 41) qu'on nomme *ventouse*, & s'exhalent pendant le jour, par un autre conduit *QR*, qui donne dans quelque cheminée, ou qu'on fait sortir en plein air. On y retient la chaleur pendant la nuit, en fermant la porte, & en poussant dans la coulisse *mn*, une tuile qui traverse & qui ferme le conduit *QR*. Les 4 parois de l'étuve sont garnies en-dedans de chevillettes, comme *tt*, &c, auxquelles on attache les Chapeaux pour les faire sécher.

La partie du fourneau qui est opposée à la ventouse, est élevée en mâçonnerie de quelques pouces au-dessus du bord de la chaudiere, dans l'intervalle qui est entre les deux bancs, & elle est recouverte d'une tablette de bois de chêne ou d'orme *S*, épaisse de 2 pouces, qu'on nomme le *bureau*, & sur laquelle les Compagnons posent les outils dont ils se servent à la foule; ces outils sont le *roulet*, la *jatte*, la *brosse*, le *choc*, la *piece*, la *pince*, les *maniques* & le *poussoir*.

Le roulet *A* (*Fig* 43) est un morceau de bois (*a*) tourné, long de 18 à 20

(*a*) Le roulet est de fer pour les Chapeaux communs, & il est taillé à pans sur sa longueur.

pouces, sur 12 à 14 lignes de diametre au milieu, qui est un peu plus renflé que le reste.

La Jatte *B*, est une sebille ou écuelle de bois, qui tient une pinte d'eau ou un peu plus.

La Brosse *C*, est de poil de sanglier, & assez semblable à celle dont on se sert pour frotter les parquets ou planchers des appartements, sinon qu'elle est un peu plus petite.

Le Choc *D*, est une plaque de laiton de figure quarrée, épaisse d'une bonne ligne, ayant 6 pouces de haut sur 4 & demi de large, un peu courbe sur sa longueur, roulée sur elle-même par enhaut, pour être maniée plus commodément, & le bord opposé étant un peu échancré en rond, & aminci sans être tranchant.

La Piéce *E* est semblable au choc, excepté qu'elle n'est point courbée sur sa longueur, & que le bord opposé au rouleau est droit, & simplement arrondi sur le tranchant.

La Pince *F*, est d'acier & à ressort; ses deux branches finissent en pointes, & doivent se joindre assez exactement pour enlever un objet aussi mince qu'un poil.

Les Maniques sont deux vieux souliers, dont on a retranché les talons, les quartiers & une partie des empeignes; le garçon Chapelier s'en garnit les mains, lorsqu'il s'agit de fouler fortement.

Le Poussoir est un vieux bas de laine, dont l'Ouvrier se garnit la main pour pousser le feutre, quand il dresse le Chapeau.

Les Chapeaux se foulent avec de l'eau presque bouillante, dans laquelle on a détrempé une certaine quantité de lie de vin. Les Chapeliers de Paris se servent indifféremment d'eau de puits ou d'eau de riviere; quoique j'en aie questionné plusieurs à ce sujet, je n'ai point appris qu'il y eût aucune raison de préférence pour l'une ou pour l'autre.

La lie de vin qu'on employe est celle qui a été pressée par le Vinaigrier. On préfere celle de vin rouge à celle de vin blanc, & l'on choisit la plus nouvelle; car en vieillissant, elle se picque & se noircit, c'est pourquoi l'on n'en doit pas faire une grande provision. On l'achete communément 10 à 12 liv. le demi-muid; il y a des temps où elle est plus chere, d'autres où elle coûte moins; dans une chaudiere qui tient un demi-muid d'eau, on en use environ un seau & demi par jour; le seau en contient environ 25 liv.

Chez les Chapeliers de Paris, on ne foule guere le Lundi, ni même le Mardi; les Compagnons emploie ces deux jours-là tout entiers à arçonner & à bastir, afin d'avoir de l'avance pour les jours suivants : dans le reste de la semaine, il est presque toujours 10 à 11 heures dans la matinée avant qu'ils se mettent à fouler, parce qu'il faut bien 2 ou 3 heures pour préparer la chaudiere, & pour mettre le bain en état : d'ailleurs, comme chaque Compagnon commence & finit les Chapeaux qu'il entreprend, il faut qu'il partage ſon temps entre la foule & les autres façons qui la précédent : & quand ils ſont pluſieurs, ils doivent s'entendre pour aller enſemble, afin que le fourneau une fois allumé, ſerve pour tous à la fois.

Il y a quantité d'Ouvriers qui entreprennent des Chapeaux, & qui n'ont ni arçons ni fourneaux ; ceux-là vont faire leur ouvrage dans les ateliers où il n'y a point aſſez de Compagnons pour remplir toutes les places ; ce qui ſe paye pour cela (*a*) aux Maîtres, les dédommage de la perte qu'ils feroient, s'ils allumoient leurs fourneaux pour un trop petit nombre d'Ouvriers.

C'eſt le Maître qui ſe charge de faire emplir la chaudiere, de faire porter de l'eau dans un réſervoir pour le rempliſſage, de faire mettre du bois en ſuffiſanse quantité dans quelque endroit, qui ſoit à portée de l'atelier, de fournir la lie & les lumieres. Dans la plûpart des ateliers à fouler, on ne brûle point de chandelle, parce que la vapeur de l'eau bouillante qu'on appelle *la buée*, la fait couler ; on éclaire avec deux lampes qui ſe ſuſpendent aux deux bouts de la chaudiere. Un des Compagnons à tour de rôle allume le fourneau, fait chauffer l'eau de la chaudiere, juſqu'à ce qu'elle ſoit prête à bouillir, y jette la quantité de lie qu'il faut ; la remue avec un ballai de bouleau pour la délayer & empêcher qu'elle ne s'attache aux parois ni au fond de la chaudiere ; il nétoye le bain avec une écumoire, qui le plus ſouvent n'eſt autre choſe qu'une vieille poële de fer percée d'une infinité de petits trous. Et quand tout cela eſt fait, il en donne avis à ſes camarades qui apportent leurs *baſtiſſages* (*b*), & qui ſe placent le long des deux bancs ſuivant leur rang d'ancienneté, dans la fabrique où ils travaillent ; car comme les bancs ſont beaucoup plus longs que la chaudiere, ceux qui ont droit d'occuper le milieu ſont plus avantageuſement placés.

Ce ſont les Compagnons, qui, tour-à-tour renouvellent le bois au fourneau, & tiſent le feu avec une eſpece de fourgon : cet outil eſt un morceau de fer arrondi qui peut avoir 14 ou 15 lignes de diametre au plus gros, 4 pieds de long, & terminé en bec de corbin : ils rempliſſent pareillement la chaudiere à meſure que l'eau diminue par évaporation ou autrement : ils l'écument de temps en temps, & après 3 ou 4 heures de travail, l'un d'eux y remet un peu de lie nouvelle pour ranimer le bain.

Tout étant ainſi préparé & ordonné, voici comment ſe conduit le travail à la foule ; je ſuivrai ce qui ſe pratique pour les Chapeaux fins : la façon des autres ne différant de celle-ci, que par des obmiſſions qui ménagent le temps & la dépenſe, j'aurai dit tout ce qu'il importe de ſçavoir ſur ce ſujet, ſi j'expoſe en détail ce qui eſt d'uſage dans le cas où l'on fait le plus & le mieux.

Quoique tout ce qu'on fait à la foule, aille ordinairement de ſuite, on peut

(*a*) On paye un ſol pour arçonner un Chapeau, & 5 ſols pour le fouler.
(*b*) On appelle ainſi le Chapeau baſti au baſſin, & prêt à être foulé.

cependant le diviser en trois temps. Un bastissage, c'est-à-dire, un Chapeau qui n'est que basti au bassin, & tel qu'on l'apporte à la foule, n'est qu'imparfaitement feutré; son étoffe n'a presque pas de consistance; si, lorsqu'on l'a trempé dans le bain, on alloit le manier rudement, il ne manqueroit pas de s'étendre, de se déchirer, en un mot de *s'ouvrir*, pour parler le langage de l'Art; il est donc à propos de le fouler légérement & avec précaution, jusqu'à ce qu'on s'apperçoive qu'il est rentré d'une certaine quantité, que le feutre s'est épaissi & qu'il a pris assez de fermeté pour soutenir un travail plus fort : voilà ce qui se passe dans le premier temps; alors c'est le moment de recharger les endroits foibles, ce qui s'appelle (*garantir la foule*), & d'appliquer la dorure; car si l'on attendoit plus tard, ces nouvelles parties d'étoffe ne s'incorporeroient plus, ou courroient risque de se détacher quand le Chapeau seroit achevé; il faut que ne faisant plus qu'un avec le feutre, elles rentrent avec lui, à mesure que le Compagnon continue de fouler; c'est ce qui remplit le second temps : dans le troisieme, le feutre étant suffisamment foulé, on *le dresse*, c'est-à-dire, qu'on lui fait prendre la forme de Chapeau, & qu'on le met en état d'aller à l'étuve : reprenons tout cela en détail.

Ce qui donne la consistance au feutre, c'est que les parties de l'étoffe se rapprochent en tous sens les unes des autres, & se lient ensemble, de maniere qu'elles ne peuvent êtrs désunies que par un grand effort; la chaleur de l'eau presque bouillante avec l'alkali qui est dans la lie du vin, donne lieu à ces deux effets, en amollissant le poil & en le gonflant aux dépens de sa longueur; car en se raccourcissant, il fait devenir moins longue & moins large la piece d'étoffe qu'il compose; tuméfié & amolli, il se serre, se soude de toutes parts, & forme une épaisseur plus grande & plus solide. Mais il faut qus cela soit aidé par une pression bien ménagée, qui se distribue également sur toute l'étendue de l'étoffe, afin que l'épaisseur augmente par-tout proportionnellement, & que les autres dimensions diminuent de même; sans cela, certaines parties qui ne marcheroient pas d'un pas égal avec les autres, pour *rentrer*, formeroient des bouillons; ou bien le Chapeau, après la foule, n'auroit ni la figure, ni la force qu'il lui faut pour être dressé.

C'est avec les deux mains que le Compagnon presse le feutre pour le fouler; il le roule sur lui-même ou sur le roulet, en amenant à lui la partie qu'il a commencé à rouler, & c'est en la déroulant qu'il la presse à deux ou trois reprises.

Pour parvenir à fouler également toutes les parties, l'Ouvrier observe un certain ordre qu'il est à propos de faire connoître : Il faut considérer que le *Bastissage*, s'il étoit ouvert, ressembleroit à une chausse, ou à un sac conique; mais que pour le fouler, on l'applattit sur lui-même, & qu'alors il a la figure d'une capade, ou plutôt de deux capades appliquées & étendues l'une sur l'autre (*Fig.* 44). On y distingue la tête *A*, le lien *E F G*; les deux aîles *E B*, *G D*; il faut remarquer encore, que les deux côtés *A E B*, *A G D*, sont deux plis

plis qu'il eſt important de bien effacer ; ſans quoi ils reſteroient marqués au Chapeau, & ces deux endroits ne ſeroient jamais foulés comme le reſte. Pour éviter ces inconvénients, l'Ouvrier change ſouvent les deux plis, comme il a fait en baſtiſſant pag. 33. ce qui s'appelle *décroiſer*. Or, chaque fois qu'il décroiſe, il marche de ſept manieres différentes, que l'on comprend ſous le nom de *croiſée*, & dont voici la deſcription.

1°, Il marche en roulant la partie *A* (*Fig.* 44), en-dedans, & la faiſant venir en *E*, & de ſuite en *B*. 2°, Après avoir déroulé, il marche en roulant la même partie *A* vers *G* & *D* ; de ſorte que dans ces deux marches, le feutre prend ſous ſes mains la forme du rouleau repréſenté par la *Fig.* 45 ; cela s'appelle *fouler en tête*. 3°, Il marche en roulant le côté *AB* en-dedans, vers le côté oppoſé *AD*, & forme par-là un rouleau conique (*Fig.* 46), à la pointe duquel ſe trouve la partie *A*. 4°, Ayant déroulé, il fait la même choſe en amenant le côté *AD*, vers *AB* ; cela ſe nomme *fouler en lien*.

5°, Il roule la pointe de l'aîle *B* en-dedans, pour la faire venir en *E* & en *A*, *Fig.* 47. 6°, il fait la même choſe avec la pointe *D*, qu'il amene en *G* & en *A* ; 7°, Enfin, il roule en faiſant venir le bord *C* vers *F* ; & ces trois dernieres façons s'appellent *fouler en arête*.

Mais le feutre, en ſe roulant ſur lui-même ou ſur le roulet, a l'une de ſes ſurfaces moins ſerrée que l'autre ; celle qu'on met en-dehors étant néceſſairement plus étendue : il faut prévenir le mauvais effet qui ne manqueroit pas d'en réſulter ; & c'eſt ce que fait le Compagnon, en retournant la piéce à chaque croiſée ; c'eſt-à-dire, en appliquant ſur le banc, la ſurface *ABD* (*Fig.* 44), qui a été en-deſſus, afin que l'autre côté ſe trouve roulé en-dedans, comme celui-ci l'a été dans la croiſée précédente.

Toutes ces différentes marches, avec de fréquents décroiſements, ſont très-bien imaginées pour fouler également le Chapeau dans toutes ſes parties ; cependant comme ce travail dure long-temps, & qu'un Ouvrier n'eſt jamais ſûr de le ſoutenir avec une parfaite égalité ; c'eſt à lui de veiller à ſon ouvrage, d'examiner les endroits qui ne rentrent point aſſez, ou qui rentrent trop, afin d'y remédier, tantôt en foulant plus, tantôt en foulant moins, en tête, en lien, ou en arête ; car il eſt eſſentiel que le feutre en rentrant, c'eſt-à-dire, en diminuant de grandeur à la foule, garde conſtamment la forme qu'on lui a donnée au premier baſtiſſage. Voyons maintenant travailler le Compagnon.

Il trempe ſon baſtiſſage tout plié dans le bain de la chaudiere, il l'y enfonce, & le remue un peu avec le bout du roulet ſans le laiſſer aller au fond ; & quand il voit qu'il eſt ſuffiſamment imbibé, il le retire ſur le banc, le preſſe un peu avec le roulet pour en exprimer une partie de l'eau ; il en jette de la froide deſſus avec la jatte, pour le pouvoir manier ſans ſe brûler (*a*) ; & alors agiſ-

(*a*) Lorſque l'on commence à fouler le Chapeau, & que le feutre encore très-lâche, prend beaucoup d'eau dans la chaudiere, il eſt ſi chaud, que l'Ouvrier a peine à le manier avec les mains nues ;

ſant avec les deux mains, il le déploye & le foule un peu en lien des deux côtés, c'eſt-à-dire, en roulant en-dedans le côté *AEB*, *Fig.* 44, par exemple, & après cela le côté oppoſé.

Il décroiſe & étend le baſtiſſage ſur le banc, il le mouille en jettant deſſus de l'eau de la chaudiere qu'il puiſe avec la jatte, ou en le trempant légérement; il le plie en 4 endroits, faiſant venir *A* en *a*, *B* en *b*, *C* en *c*, *D* en *d*, *Fig.* 48, puis il foule en deux fois, roulant d'abord la partie *E* en-dedans, pour la faire venir vers *F*, & celle-ci enſuite, en la faiſant aller vers *E*.

Il releve les 4 plis qu'il avoit faits, décroiſe, efface les plis des côtés, puiſe dans la chaudiere avec la jatte, mouille, & foule en arête des deux côtés; mouille de nouveau, & foule de l'arête directement à la tête.

Il trempe la tête dans la chaudiere, & la foule en allant à l'arête.

Tout ce que je viens de rapporter ſe fait pluſieurs fois, mais toujours mollement; l'Ouvrier ayant attention de manier le baſtiſſage avec précaution, quand il s'agit de décroiſer; car comme le feutre eſt encore lâche, qu'il n'a point beaucoup de conſiſtance, un travail un peu rude en commençant ne manqueroit pas de le déranger; ce n'eſt guere qu'après la premiere demi-heure qu'on oſe fouler un peu ferme.

Après ce temps-là, ou un peu plus, ſuivant la qualité de l'étoffe, ſi le Compagnon s'apperçoit que le Chapeau ſoit rentré de la quantité qu'il faut pour ſoutenir les autres façons, il *l'arrange*, pour être ce qu'on appelle *baſti à la foule.*

Baſtir à la foule, c'eſt appliquer en foulant des piéces d'étoupage aux endroits foibles, le reſte de la dorure, & généralement tout ce qui n'a point été appliqué dans le premier baſtiſſage; il faut pour cela que les ſurfaces du feutre ſoient bien unies & bien nettes: on les rend telles en *foulant au roulet*, & en *ébourant*; & c'eſt ce qui s'appellent *arranger*.

Pour fouler au roulet, l'Ouvrier, au lieu de rouler ſur elle-même la partie qu'il veut travailler, l'enveloppe ſur le roulet en l'amenant à lui; alors prenant le roulet par les deux bouts qui excedent, ou bien appuyant avec les deux mains ſur le feutre roulé, il le déroule en appuyant, de ſorte que le feutre ſe trouve preſſé, ſoit entre le roulet & le banc, ſoit entre la main & le roulet d'une part; & d'autre part, entre le roulet & le banc; ce qui le rend plus uni en le ſerrant ſur ſon épaiſſeur; & l'Ouvrier a ſoin de fouler davantage ſur les endroits qui lui paroiſſent en avoir plus de beſoin.

Pour ébourer, il mouille ſon Chapeau entiérement dans la chaudiere, il l'étend ſur le banc, & avec le plat de la main qu'il promene par-tout en appuyant, il enleve avec l'eau qui ſort de l'épaiſſeur, ce qu'on nomme *le gros*, c'eſt-à-dire, le jarre qui eſt reſté dans l'étoffe, & généralement tout ce que le

c'eſt pour cela qu'il jette de l'eau froide deſſus. Il y en a qui commencent par le tremper & le manier un peu dans le réſervoir qui contient de l'eau froide, & qui le plongent enſuite dans la chaudiere.

feutre pouſſe en dehors à meſure qu'il rentre ; il nétoye ainſi le Chapeau, en décroiſant pluſieurs fois, & en retournant le bord à chaque décroiſement, pour ébourer le deſſous; l'Ouvrier, pour arranger le Chapeau, obſerve donc à chaque croiſée, ſoit qu'il travaille la tête, le lien ou l'arête, de fouler d'abord au roulet, puis à la main, & finit par ébourer.

Quand le baſtiſſage arrive à la foule, le côté qui doit être le deſſus du Chapeau, ſe trouve tourné en-dehors; & s'il doit avoir de la dorure ſur la largeur de ſon bord, les travers ſont en-dedans, il reſte dans cet état juſqu'à ce qu'il ait été baſti à la foule ; ainſi c'eſt ſur la face qui doit faire le deſſus du Chapeau que l'on garantit, & que l'on applique la dorure de la tête.

Pour garantir, l'Ouvrier tient le Chapeau ouvert, comme le repréſente la *Fig.* 49, il releve le bord, tantôt plus, tantôt moins; & le pinçant légérement entre le pouce & l'index qu'il fait aller d'un bout à l'autre du pli, il tâte, & marque en appuyant avec le doigt, les endroits qui ont beſoin d'être garnis : il applique ſur chacun une piéce d'étoupage, ſur laquelle il frappe à petits coups avec la broſſe qu'il a trempée pour cet effet dans la chaudiere, & avec laquelle il fait une légere aſperſion ſur l'endroit où il doit frapper.

Quand il a garni de cette maniere les places qu'il a reconnu en avoir beſoin dans l'eſpace *AB*, il décroiſe, releve une autre partie du bord, & garantit de même par-tout où il le faut, juſqu'à ce que les épaiſſeurs des différentes parties du Chapeau lui paroiſſent régulieres, après quoi il applique la dorure de la tête.

Cette dorure ſe met en deux pieces, qu'on nomme *le pointus*, & qui ont la figure de deux petites capades, comme je l'ai dit pag. 29. Le Compagnon ayant trempé ſon Chapeau dans la chaudiere, & l'ayant étendu ſur le banc, applique un des pointus, de maniere qu'il déborde d'un bon travers de doigt des deux côtés, comme *CD*, *CE*, *Fig.* 49 ; il le mouille & le frappe avec la broſſe, comme il a fait pour les pieces d'étoupage ; il retourne le Chapeau, rabat ce qui déborde, & le frappe légérement avec la broſſe nouvellement trempée dans la chaudiere, & puis il applique l'autre pointu, de maniere qu'il déborde comme le premier ; il le frappe avec la broſſe, retourne le Chapeau, rabat ſur l'autre côté ce qu'il a laiſſé déborder, & le fait joindre & s'attacher, en le frappant encore avec la broſſe.

Lorſque toutes ces piéces ont été appliquées, comme je viens de le dire, il s'agit de les faire prendre au feutre; il faut qu'elles s'y attachent tellement qu'elles ne faſſent qu'un même corps avec lui ; on y parvient en foulaut ſur les endroits où elles ſont placées. Pour cet effet, le Compagnon ouvre le Chapeau, le retourne en mettant en-dehors ce qui juſqu'alors avoit été en-dedans ; par conſéquent la ſurface qui a été garantie, & qui a reçu les pointus, ſe trouvent en-dedans; toutes ces piéces, lorſqu'on viendroit à applatir le Chapeau ſur le banc, ne manqueroient pas de ſe toucher face à face, & s'attacheroient aussi bien entr'elles, qu'au feutre : pour empêcher que cela n'arrive, avant que d'applatir le Chapeau, on interpose entre les deux faces qui doivent se rencontrer, un morceau de toile de crin, que les Ouvriers appellent *le tamis*, & l'on foule ensuite mollement sur tous les endroits où les pieces d'étoupage & de dorure viennent d'être appliquées, avec l'attention de décroiser souvent ; de tremper le Chapeau dans la chaudiere, ou de le mouiller avec la jatte à chaque marche que l'on fait ; de visiter enfin, & d'examiner l'ouvrage chaque fois qu'on léve le tamis pour le changer de place.

Le Compagnon ayant foulé pendant un certain temps, de la maniere que je viens de dire ; voyant que tout est bien pris, & que le Chapeau bien affermi est en état de soutenir un travail plus fort, prend ses maniques & se dispose à fouler plus rudement qu'il n'a fait jusqu'alors.

Les maniques, comme je l'ai dit, sont deux vieux souliers, dont on a retranché les talons, les quartiers avec la partie de l'empeigne qui couvre le dessus du pied : cela s'attache avec deux cordons au-dessus du poignet (*a*), la main étant appliquée à plat sur la semelle, le petit doigt & le pouce étant cotoyés & recouverts par les restes de l'empeigne qui forment comme deux aîles, & qui empêchent la manique de sortir de dessous la main, en tournant à droite ou à gauche, comme elle pourroit faire sans cela.

Tout ce travail se fait au roulet & à la main, en observant à chaque croisée, toutes les marches dont j'ai fait mention ci-dessus (p. 41.) en mouillant & ébourant à chaque marche ; en relevant & tâtant souvent le bord du Chapeau, pour reconnoître les endroits qui ont besoin d'être rangés avec le roulet, en épluchant avec la pince, tout ce qui paroît d'étranger à la superficie, tant en-dedans qu'en-dehors, & travaillant plus ou moins sur certaines parties, pour les faire rentrer proportionnellement avec les autres, jusqu'à ce qu'enfin le Chapeau soit réduit à la grandeur prescrite par le Maître.

La durée de ce travail dépend de la qualité des matieres qu'on emploie, de la quantité qu'on en fait entrer dans la composition du Chapeau, de la bonté du bain, & de l'habileté de l'Ouvrier ; mais on peut dire en gros, qu'un castor de huit onces, par exemple, qui a été basti de 27 à 28 pouces de haut, sur 3 pieds & demi de large, pour être réduit à 13 ou 14 pouces de hauteur, & 22 pouces de large, ne s'acheve guere en moins de 3 heures après qu'il a été basti à la foule.

Quand l'ouvrage tire à sa fin, le Compagnon mesure de temps en temps le Chapeau, pour ne le point laisser rentrer au-delà des mesures qu'il doit avoir, il l'étend sur le banc de la foule, comme *FGH*, *Fig.* 50, il place le plus près qu'il peut de la pointe *F*, la forme de bois sur laquelle la tête sera moulée ; & si le Maître lui a demandé, par exemple, un Chapeau de quatre pouces de bord,

(*a*) Les Ouvriers ont coutume de se garnir le poignet en l'enveloppant de linge, afin que les cordons de la manique ne les blessent point.

il assujétit

il assujétit la partie *IK* à cette mesure, c'est-à-dire, qu'il continue de fouler jusqu'à ce qu'il n'y ait plus que quatre pouces de distance entre *IIM* & *GKH*, ou, ce qui est la même chose, entre le lien & l'arête. Alors il n'y a plus qu'à *dresser*.

C'est-là le moment de placer le plumet; mais il faut auparavant *flamber* le Chapeau; on *l'égoute* bien de toutes parts avec la *piece E* (*Fig.* 43), & on le passe sur la flamme d'un feu de paille, pour lui ôter son plus long poil; après quoi on le mouille dans la chaudiere, & on le frotte sur le banc avec le dos de la brosse.

Les pieces qui doivent former le plumet, comme je l'ai dit plus haut, (p.29) sont préparées à l'arçon & marchées à la carte, de la même maniere que les travers pour la dorure; elles en ont la forme; mais elles sont moins grandes; car on n'en met que deux sur le tour du Chapeau, & il est déja presqu'entiérement rentré, quand on les y place : ces pieces s'appliquent couche par couche les unes sur les autres, à la face du bord opposée à celle qui a reçu les travers; & on les fait déborder l'arête de dix-huit lignes ou à peu-près; voici comment ce travail s'exécute.

Le Compagnon ayant mouillé le Chapeau dans la chaudiere, l'étend à plat sur le banc de la foule : il y applique la premiere piece en la faisant déborder l'arête, comme je viens de le dire, & excéder d'autant par les deux bouts; il la frappe légérement avec la brosse qu'il a trempée dans la chaudiere; & puis il retourne le Chapeau sur le banc, pour rabattre les deux bouts qu'il a laissé excéder : alors il pose la seconde piece comme il a posé la premiere, après avoir mouillé le Chapeau, soit en le trempant doucement dans la chaudiere, soit en versant dessus avec la jatte. Il retourne encore le Chapeau sur le banc, pour rabattre les deux bouts excédents, qui sont amincis comme aux travers, afin qu'en se croisant les uns sur les autres, ils ne forment point une trop grande épaisseur.

Les deux premieres piéces étant ainsi appliquées, il faut les faire prendre au Chapeau, & ménager si bien ce qui dépasse l'arête, que les faces ne s'attachent point entr'elles en se touchant. Pour cet effet, on fait entrer le Chapeau à plumet dans un Chapeau plus commun, & assez grand pour le recevoir; ou bien on l'enveloppe dans un morceau de couverture de laine, & on le foule mollement, ayant soin de décroiser à propos, pour empêcher que ce qui dépasse l'arête, ne se prenne & ne s'attache : on prévient encore cet accident, en interposant quelques morceaux de toile de crin.

Lorsque ces deux premieres pieces sont prises, on les recouvre de deux autres semblables, ayant soin que le milieu de la longueur de celles-ci réponde de part & d'autre à l'endroit où les deux premieres se joignent; après quoi on les fait prendre, comme je viens de le dire.

Tout ce qui doit être employé au plumet, étant ainsi appliqué, couche sur couche, & suffisamment pris, on continue de fouler le Chapeau pendant une bonne demi-heure; après quoi on déchire ce qui excede l'arête tout autour du Chapeau, ayant soin qu'il y reste une frange de la hauteur de 7 à 8 lignes, qui étant ensuite bien détirée & bien peignée avec le carrelet, imite assez bien un plumet.

Il en coûte, pour faire un plumet un peu étoffé, une once & demie, & quelquefois deux onces du plus beau castor; la façon du Chapeau en devient une fois plus chere, & les Chapeliers conviennent que cela ne fait jamais un ouvrage bien solide: aujourd'hui que le castor est monté à un fort haut prix en France, il est à présumer que cet ornement de fantaisie, dont la mode se passe déja, va être tout-à-fait abandonné. Je reviens à la façon du Chapeau ordinaire.

Les Ouvriers disent que le Chapeau est *en cloche* quand il est fini de fouler; parce qu'en effet il en a à peu près la figure, & qu'il est assez ferme pour se soutenir par lui-même, quand on l'a ouvert en rond, & qu'on le pose sur son bord. Le *dresser*, c'est lui ôter cette forme, & lui faire prendre celle sous laquelle se présente un Chapeau en usage, quand il est détroussé. Il faut donc que la pointe *A*, *Fig.* 51, descende en *a*, que la partie *d e* s'élargisse jusqu'en *fg*, & que tout ce qui est au-dessous du lien *h i*, jusqu'à l'arête *B* C, s'ouvre assez pour se ranger dans un même plan; *B* venant en *b*, C en *c*, &c. Pour parvenir à cela, le Compagnon commence par mettre le Chapeau en *coquille*, comme il est représenté par la *Fig.* 52: & voici comment il s'y prend. Il reléve l'arête tout autour en la maniant entre le poucé & l'index, de sorte qu'elle fasse autour du Chapeau en cloche, une espece de goutiere d'un pouce & demi de large, sur environ un pouce de profondeur. Voyez *k l* de la *Fig.* 53, qui représente la coupe diamétrale de la coquille. Ensuite il retourne le Chapeau, faisant venir la pointe *u* en *o*, & forme un pli circulaire, représenté par la coupe *m m*. Il retourne une seconde fois le Chapeau, faisant venir la pente *o* en *n*; puis une troisieme fois, faisant venir *n* en *r*, d'où il résulte encore deux plis, *p p*, *q q*. Enfin il fait le pli *t t*, en faisant aller *r* en *s*; le nombre de ces plis est assez arbitraire; ordinairement on n'en fait pas moins que quatre; mais le point essentiel, est de ranger le Chapeau de maniere, qu'on ne soit point embarrassé des aîles, tandis qu'on met la tête en forme, & que l'ouvrage soit toujours bien centré.

Le Compagnon ayant donc mis le Chapeau en coquille, le trempe dans la chaudiere, & le pose à plat sur le banc de la foule, puis agissant avec les deux pouces, il efface la pointe qui est au milieu, en poussant du centre à la circonférence du premier pli, pour la faire poser à plat. Cela étant fait, il trempe de nouveau dans la chaudiere, & continue de presser, soit avec le pouce, soit avec le poing, ayant les doigts garnis du *poussoir*, jusqu'à ce qu'il ait effacé le premier pli; & que la place circulaire qui en résulte, soit assez large pour recevoir la piéce qu'on nomme *la Forme*.

La Forme eſt repréſentée par la *Fig.* 54 ; c'eſt un morceau de bois d'orme pris ſur ſon fil, & tourné preſque cylindriquement. Le deſſous eſt coupé droit & perpendiculairement à l'axe; le deſſus eſt un peu convexe, & les bords en ſont arrondis. La hauteur eſt de trois pouces & demi, ou même de quatre; le diametre en a 6 ou 7; cela varie comme la groſſeur des têtes qu'il s'agit de coëffer. La baſe eſt percée de deux trous dans leſquels on peut mettre les doigts pour prendre la piéce plus commodément, & l'une des deux perce ordinairement d'un bout à l'autre, pour donner lieu de meſurer la hauteur plus aiſément.

La place de la forme étant donc faite, (& ce doit être du côté oppoſé à celui où l'on a mis la dorure), l'Ouvrier l'y fait entrer, après avoir bien trempé le Chapeau dans la chaudiere, pour le rendre plus ſouple & plus propre à ſe mouler : il le lie vers le milieu de la hauteur de la forme, avec une ficelle qui fait deux tours, & qu'il arrête par un nœud & un coulant par deſſus : puis prenant le choc *D*, *Fig.* 43, il appuye avec le tranchant ſur la ficelle, tout autour, & la fait deſcendre juſqu'au bas de la forme.

Il trempe alors le Chapeau avec la forme dans la chaudiere, lui donne le temps de s'y échauffer fortement, puis l'ayant tiré ſur le banc, il efface avec la piéce *E*, *Fig.* 43. les plis circulaires qui reſtent, & releve ce qui doit faire le bord, comme on le peut voir par la *Fig.* 55. Il s'agit à préſent d'abattre ces bords, & de les faire venir dans le plan qui paſſe par la baſe de la forme.

Il faut pour cela donner à ces bords plus d'étendue qu'ils n'en ont, & c'eſt à force de les tremper & de les détirer à chaud, qu'on en vient à bout. L'Ouvrier paſſant les deux mains entre la tête du Chapeau & ſon bord relevé, appuye deſſus celui-ci pour l'abattre le plus qu'il peut; après quoi, ſaiſiſſant de la main gauche une partie du bord pour l'arrêter, il empoigne avec la droite celle qui précéde, & la tire de toute ſa force en avant, & ſuivant ſa longueur, ayant ſoin de remployer toujours cette partie qu'il tient, pour avoir plus de priſe ſur elle, & de peur que les grands efforts qu'elle ſouffre, ne la déchirent.

Ayant fait ainſi tout le tour du Chapeau, il recommence à détirer de même; mais ſans remployer la partie qu'il pouſſe avec la main droite; & il finit par tirer un peu ſur la largeur, pour arranger ce qui auroit pu ſouffrir du tirage en longueur.

Le Chapeau étant dans cet état, l'Ouvrier meſure la largeur du bord tout autour, & s'il s'apperçoit que la tête ne ſoit pas bien au milieu, il dénoue la ficelle, & tire à pluſieurs repriſes ce qui couvre la forme, du côté où le bord lui a paru le plus étroit; après quoi il remet la ficelle comme elle étoit auparavant, en la faiſant deſcendre avec le choc *D*, *Fig.* 43.

Il n'eſt guere poſſible qu'en tirant ainſi le feutre, ſoit pour abattre les bords, ſoit pour remettre la tête au milieu, ſi elle n'y étoit pas, on ne faſſe naître quelques plis, & qu'il ne reste quelqu'endroit mal uni; l'Ouvrier a soin de les effacer, en trempant souvent dans la chaudiere, & en *estampant* par-tout chaque fois qu'il mouille. *Estamper*, c'est traîner le tranchant de la piéce E *Fig.* 43, sur tous les endroits où l'on apperçoit quelques plis, pour les faire disparoître.

Enfin, quand le Chapeau est bien estampé par-tout, il ne reste plus qu'à l'égouter. Le Compagnon le trempe à plusieurs reprises dans la chaudiere, & chaque fois qu'il l'en retire, il place le bord à plat sur le banc de la foule; & avec la piéce qu'il fait passer par-tout, il en exprime l'eau, autant qu'il peut, & le frotte par-tout avec la paume de la main; ce qui étant fait pour la derniere fois, il reléve un peu l'arête tout autour; il y trace une lettre, ou quelqu'autre marque avec le bout de son doigt, pour distinguer son ouvrage de celui des autres Compagnons, & il le met à part pour être placé avec les autres dans l'étuve, a la fin de la journée.

La forme, comme je l'ai déja dit, est percée de deux trous par dessous; l'un des deux, n'importe lequel, sert à placer sur les chevillettes, dont les parois de l'étuve sont garnies, toutes les formes avec les Chapeaux dont elles sont chargées; le temps de la nuit suffit pour les sécher; on les leve le matin avant que d'allumer le fourneau; alors chacun reconnoît les siens, & les reprend.

Le Chapeau qui sort de l'étuve n'est point encore en état d'être rendu au Maître; il y a toujours quelque saleté dont il faut le purger; il est couvert d'une bourre qu'on doit enlever; & son poil doit être détiré, nettoyé, & *ouvert*, pour prendre mieux la teinture.

Pour nettoyer le Chapeau, le Compagnon le retire de dessus la forme; il enleve la lie qui a pu s'introduire entre le bois & l'intérieur de la tête, & qui s'y est durcie; il nettoye aussi le reste du Chapeau, tant en-dessous qu'en-dessus, en le frottant avec la main, & en enlevant avec la pince tous les corps étrangers qu'il peut y découvrir.

Il débourre le Chapeau en le *ponçant*: il commence ordinairement par le bord, qu'il pose à plat sur une table bien unie & bien essuyée, & il le frotte avec un morceau de pierre ponce qui a été dressée exprès pour se mieux appliquer au feutre; quand il a frotté un peu sur un endroit, il souffle dessus, ou il pousse avec la main ce que la pierre a enlevé, pour voir s'il est assez débourré; il passe de celui-là à un autre, & fait ainsi tout le tour du Chapeau. Il est essentiel que la table sur laquelle on ponce, soit bien unie, & qu'il ne se trouve aucune ordure sous la partie sur laquelle on fait passer la pierre; car la moindre inégalité occasionneroit un trou au feutre. On ponce ainsi les deux faces du bord: pour poncer la tête, on la remet sur la forme qu'il faut avoir bien nettoyée auparavant, par la raison que je viens d'exposer.

Autrefois, & sur-tout pour les gens d'Eglise, on faisoit des castors à longs poils; ces Chapeaux n'étoient point poncés; au contraire, on leur faisoit venir le poil, en y passant le carrelet, qui est une petite carde de 3 à 4 pouces en quarré: aujourd'hui aujourd'hui on ne fait presque plus que des castors raz. Après la ponce, il y a encore une façon qu'on nomme *robber*.

Robber le Chapeau, c'est le frotter par-tout doucement, & le plus également qu'il est possible, avec un morceau de peau de chien de mer, bien détiré & bien droit, & en prenant les mêmes précautions qu'on a prises en ponceant. Cette derniere façon fait sortir du Chapeau un poil court qu'elle rend plus égal, plus doux au toucher; & les Chapeliers prétendent qu'il en est aussi plus disposé à bien prendre la teinture.

A la fin de la semaine, chaque Compagnon apporte au Maître, ou à son commis, les Chapeaux qu'il a faits; celui-ci les examine l'un après l'autre, pour reconnoître s'ils sont fabriqués dans les proportions qu'il a prescrites; il les tâte par-tout, soit en maniant le feutre simple, soit en le repliant sur lui-même, & en le faisant rouler entre ses doigts, pour voir s'il est également bien foulé dans toutes ses parties; s'il n'a point d'endroits foibles; si l'on n'y sent point de grain ou grumeaux. Quand le Chapeau est jugé défectueux, il reste sur le compte du Compagnon; quand au contraire il est recevable, il est mis sur celui du Maître, pour être payé suivant le prix convenu. Le Chapeau est recevable & dans de bonnes proportions, lorsque n'ayant aucun des défauts mentionnés ci-dessus, il est bien lisse par-tout, de moyenne force en tête, très-fort dans le lien, & que son épaisseur va en diminuant jusqu'à l'arête, qui doit être fine & bien ronde. Les Compagnons mettent leurs marques aux Chapeaux qu'ils ont faits; ce sont des hoches qu'ils font à l'arête avec des ciseaux; leur nombre, & le sens dans lequel elles sont faites, font différer les marques entr'elles.

La façon des Chapeaux se paye selon leur qualité & leur poids. Le temps & le lieu mettent encore de la variété dans les prix: dans les grandes Villes les Ouvriers se font payer davantage, à cause de la chereté des vivres; & aujourd'hui dans tous les Arts, la main d'œuvre est plus chère qu'elle n'étoit autrefois.

A Paris; les Maîtres payoient ci-devant à leurs Compagnons, 5 liv. de façon pour un Chapeau à plumet; aujourd'hui cela est fixé à 4 liv.

Un Castor de 8 onces se paye 2 liv. Les Chapeaux de poil de lapin & de lievre avec dorure 35 sols; ceux qui pesent moins, ou qui sont de moindre qualité & sans dorure, se payent depuis 20 sols jusqu'à 30 sols. On conçoit bien que plus les Chapeaux sont chers de façon, plus ils coûtent de temps à celui qui les fabrique. Un bon Ouvrier dans une semaine pleine, & en travaillant comme il est d'usage dans cet Art, depuis 5 ou 6 heurs du matin, jusqu'à 9 ou 10 du soir, peut faire 12 à 13 Chapeaux de ceux qui se paye 35 sols, & des autres à proportion.

J'ai déja dit que les Chapeaux de laine se font dans les provinces à quatre, mais plus souvent à deux capades, & pour la plus grande partie, hors des grandes

Villes; souvent le Compagnon n'en a que 8 ou 10 sols de la piéce ; il y a des Chapeaux si communs & si grossiers, qu'ils ne se vendent que 25 sols tout teints & tout apprêtés. Il faut qu'ils se fabriquent pour 5 ou 6 sols.

Avant de terminer ce que j'ai à dire touchant la foule des Chapeaux, je crois devoir faire mention de ceux dans la composition desquels on fait entrer de la soie ; on auroit lieu de soupçonner que cette matiere n'est pas propre à rentrer comme la laine & les différents poils qui sont en usage dansla Chapélerie ; on pourroit même imaginer qu'en interrrompant leur marche, & ne contractant avec eux qu'une liaison imparfaite, elle empêcheroit le feutre de prendre consistance, & de se réduire dans les dimensions qu'on veut qu'il ait ; mais l'expérience fait voir, que si la soie ne se foule pas exactement comme le poil, elle se prête à lui, elle le suit d'assez près, & lui demeure assez étroitement attachée, pour faire corps avec lui. J'ai vû fabriquer des Chapeaux avec le tiers & même avec la moitié de soie, qui se sont foulés & dressés à peu-près dans le même espace de temps qu'il faut communément pour des Chapeaux de même poids & de pur poil ; le feutre de ces Chapeaux ne m'a point paru aussi doux, ni d'une texture aussi uniforme que celui de castor ou de lapin & de lievre ; mais je l'ai trouvé pour le moins aussi solide & aussi propre à résister à l'eau : peut-être faut-il que le poil qu'on veut unir avec la soie, se sécrete d'une façon particuliere ; mais ce mystere, si c'en est un, ne sera pas difficile à dévoiler, pour le Chapelier qui n'aura pas d'autre raison de rejetter l'usage de la soie.

CHAPITRE QUATRIEME.

De la Teinture des Chapeaux, & des façons qu'on leur donne après qu'ils sont teints.

Les Chapeaux qui doivent rester gris ou blancs, tels que ceux des Religieux de certains Ordres, & les castors qu'on envoye en Espagne, sont censés finis, lorsqu'ils ont été poncés : il ne reste plus qu'à les apprêter & les garnir ; mais tous les autres se mettent à la teinture auparavant, & le noir est la couleur qu'ils y reçoivent : car ce n'est guere la peine de faire ici une exception pour quelques Chapeaux qu'on met en rouge ; d'autant plus qu'ils passent pour cela par des mains tout-à-fait étrangeres à la Chapélerie ; je dirai seulement que les Chapeaux qui doivent être blancs ou rouges, exigent de la part de l'Ouvrier, une propreté qu'il n'est point tenu d'observer si scrupuleusement pour les autres ; & de la part du Maître, l'attention de les faire fabriquer avec des parties de poils choisies, & qui approchent le plus du blanc ; car le rouge même n'est beau que quand il est appliqué sur un fond clair.

Suivant les Statuts de la Communauté des Chapeliers de Paris, celui qui met les Chapeaux en noir, doit être reçu Maître, & il fait corps avec eux; de sorte qu'il peut lui-même fabriquer, & teindre tant pour lui, que pour ses confreres; il est défendu à tout autre Teinturier de travailler pour les Chapeliers, & réciproquement à ceux-ci, de teindre autre chose que des Chapeaux.

Dans la plûpart des grandes Fabriques, il y a un atelier de teinture; quoique cela occupe beaucoup de place, il y a à gagner pour le Fabriquant qui fait teindre chez lui, en fournissant les drogues, & en faisant les frais des ustensiles, du bois, &c: les autres Maîtres envoyent leurs Chapeaux chez ceux qui teignent pour leur compte, & payent pour chaque douzaine de demi-castors, 7 liv. 10 sols; & pour pareil nombre de castors 9 liv. 10 sols (*a*). On paye beaucoup moins pour la teinture des Chapeaux de laine (*b*), parce qu'ils prennent le noir bien plus aisément, & parce qu'on les teint de même qu'on les fabrique, hors de Paris, dans les Provinces où la main d'œuvre est toujours moins chere.

Je dis que les Chapeaux de laine prennent le noir bien plus aisément que ceux de poils, c'est un fait dont tous les Chapeliers conviennent; quant à la cause, il y a apparence que le secret qu'on donne au poil, & qu'on ne donne point à la laine, contribue à cet effet; quoique la foule & le dégorgeage qui précedent la teinture, enlevent probablement la plus grande partie de l'eau-forte avec laquelle on a serré, il est à présumer qu'il en reste encore assez pour mettre quelque obstacle au noir que l'étoffe doit prendre.

Quand les Chapeaux ne sont point destinés à rester blancs ou gris, quand on les porte au Teinturier, c'est à lui à les robber; & cela se fait comme je l'ai expliqué à la fin du Chapitre précédent, & avec les soins dont j'ai fait mention.

Après que les Chapeaux sont robbés, le travail du Teinturier comprend les façons suivantes, *assortir*, *dégorger*, *teindre*, *laver à froid & à chaud*, *sécher à l'étuve*, *& lustrer*. Il est nécessaire que l'atelier soit au rez-de-chaussée, qu'il soit pavé, & à portée d'une eau courante ou d'un puits.

Assortir les Chapeaux, c'est faire entrer la tête de chacun d'eux sur une forme qui lui convienne, & l'y arrêter avec une ficelle. Les dégorger, c'est faire sortir par le moyen de l'eau bouillante, le tartre qui peut être resté après la foule, dans l'épaisseur ou à le superficie du feutre; ces deux premieres façons exigent une petite foule à quatre places, & semblable pour le reste à celle que j'ai décrite dans le troisieme Chapitre, pages 36 & 37. & que j'ai représentée par les *Fig.* 41 & 42; excepté qu'à celle du dégorgeage, le rebord inférieur des bancs, au lieu d'être supprimé vis-à-vis de la chaudiere, demeure en son entier avec un peu de pente sur la longueur, pour faire écouler l'eau par le bout,

(*a*) Quand on ne paye pas comptant, mais à terme, il en coûte 10 sols de plus par douzaine de Chapeaux, 8 liv. au lieu de 7 liv. 10 liv. au lieu de 9 liv. 10 sols.

(*b*) Les Chapeaux de laine se teignent à 4. liv. la douzaine.

& que les bancs ont moins de pente vers la chaudiere, qui est quarrée, au lieu d'être longue. On n'emploie que de l'eau toute pure qu'on entretient bouillante; & pour cela on prend la précaution de mettre un couvercle de bois sur la chaudiere, & de ne la découvrir que quand il en est besoin.

Au bout de chacun des deux bancs de cette foule, il y a un pilier de bois de 6 à 7 pouces de diametre, sur environ trois pieds de hauteur, solidement planté & retenu dans le pavé; cette piéce se nomme un *billot*.

Pour assortir un Chapeau, le Teinturier ou son Compagnon commence par y faire entrer en partie une forme (*a*) qu'il prévoit lui convenir: & quand elle y est assez enfoncée, pour n'en point sortir par son propre poids, il plonge le tout dans l'eau bouillante, & l'ayant retiré un moment après, il pose la base de la forme sur le banc; & en tirant le feutre avec ses mains de haut en bas, il la fait entrer presqu'entiérement; alors il noue une ficelle à laquelle il fait faire deux tours, à peu-près à la moitié de la hauteur de la tête, & il la fait descendre en appuyant dessus tout autour avec un instrument qu'on nomme *avaloir* (*b*), ou bien avec le *choc*, autre instrument que j'ai décrit pag. 38, & qui est représenté à la lettre *D Fig.* 43.

La ficelle étant avalée presque jusqu'en bas, l'Ouvrier frappe à plusieurs fois la forme sur le billot, tandis qu'il pousse le feutre dessus pour le faire prêter; par ce moyen il entre entiérement sur la forme, & l'Ouvrier le pose à plat sur le banc du dégorgeage, pour achever d'avaler la ficelle avec le choc. Comme la forme du Teinturier est un peu plus haute que celle sur laquelle le Chapeau a été dressé à la foule, la ficelle avalée jusqu'en bas, se trouve de quelques lignes au-dessous du premier lien, & cela empêche que le Chapeau ne se coupe en cet endroit.

Cela étant fait, il prend le Chapeau par son bord, le plonge entiérement avec la forme dans l'eau bouillante, le remet à plat sur le banc, & l'égoutte de partout avec la piéce *E* (*Fig.* 43), puis il le retire au carrelet, dans toute sa surface pour faire revenir le poil, & alors le Chapeau est prêt pour la teinture.

La teinture des Chapeaux se fait dans une grande chaudiere de cuivre rouge établie sur un fourneau, où l'on brûle du bois, & au bout duquel il y a une ventouse avec un tuyau qui porte la fumée en plein air, ou dans quelque cheminée voisine. La figure de cette chaudiere varie suivant le goût du Teinturier, & l'emplacement qu'il a à lui donner; chez les uns elle est oblongue, soit quarrément, soit en ovale; chez les autres, elle est ronde & un peu évasée: quant à la grandeur, elle est proportionnée à celle de l'atelier, & à la quantité d'ouvrage qui s'y fait; il n'y en a guere qui ne puisse contenir 100 Chapeaux, & les plus grandes en peuvent recevoir 150 ou 160. Je vais décrire celle du Maître chez qui j'ai vû teindre des Chapeaux.

(*a*) Les formes du Teinturier sont semblables à celles que j'ai décrites au Chapitre de la Foule, p. 47. mais seulement un peu plus hautes.

(*b*) L'avaloir est un instrument de cuivre, *Fig.* 59.

La *Figure*

La *Fig.* 57, repréſente une coupe diamétrale de la chaudiere & du fourneau: *A B C*, eſt un four rond voûté en briques ou en tuilaux, avec un mortier de terre franche; il a au moins 6 pieds & demi de diamétre, avec une bouche en *A*, d'un pied en quarré pour le ſervir; & vers le fond une ventouſe ſurmontée d'un tuyau de tole *X*, pour tranſporter la fumée; *y* eſt une couliſſe pratiquée à la ventouſe, dans laquelle on fait gliſſer une tuile pour ouvrir ou fermer plus ou moins le paſſage de la fumée & du courant d'air, & régler par-là l'activité du feu.

D E F G, eſt une chaudiere ronde & un peu évaſée, compoſée dans ſon pourtour de pluſieurs lames de cuivre rouge, couſues enſemble avec des clous rivés de la même matiere; & des bandes de papier interpoſées pour rendre ces jonctions plus exactes. Le fond qui eſt attaché de même, eſt d'une ſeule piéce un peu convexe en dehors, & le tout forme un vaiſſeau qui a 5 pieds & demi de diametre au plus large, ſur environ 4 pieds de hauteur.

La voûte du fourneau ouverte en ſon milieu reçoit & laiſſe paſſer la partie inférieure de la chaudiere qui la déborde de 3 à 4 pouces en-dedans, de ſorte qu'entre le fond de ce vaiſſeau & l'âtre, il reſte un intervalle de 14 pouces ou à peu-près.

Le corps de la chaudiere & la voûte du fourneau ſont revêtus extérieurement d'une maçonnerie en plâtre *HIKL*, *MNOP*, qui contient le tout, & qui empêche que les eaux qu'on répand au-dehors, ne s'inſinuent dans l'endroit où eſt le feu; *KO*, eſt une banquette qui regne autour de la chaudiere, & qui s'éleve de 3 à 4 pouces au-deſſus de l'aire ou du ſol de l'atelier; on deſcend à la bouche du fourneau par un petit eſcalier de 3 ou 4 marches.

La mâçonnerie *HI*, *MN*, s'éleve autour de la chaudiere, à la hauteur de 2 pieds & demi, & ſert d'aſſiette aux *jantes*, c'eſt-à-dire, à des portions de roues *Q*, *R*, *S*, *T*, préparées par un Charron avec du bois d'orme de 2 pouces & demi d'épaiſſeur, pour former un cercle autour de la chaudiere, & en retenir le bord qui eſt rabattu deſſus, & qui s'y attache avec des clous. Les jantes doivent avoir au moins 8 à 9 pouces de largeur, avec une pente un peu forte vers la chaudiere, afin qu'on puiſſe y poſer les Chapeaux à meſure qu'on les tire du bain, pour s'égoûter, ou avant que de les y mettre pour recevoir la chaude.

Dans cette chaudiere que je viens de décrire, on met 36 voies d'eau claire, de deux ſeaux chacune, ce qui fait environ 4 muids & demi d'eau meſure de Paris, ou 36 pieds cubes: on préfere l'eau de la riviere à celle des puits; mais le choix de l'une ou de l'autre ne tire pas beaucoup à conſéquence. Tandis que l'eau eſt encore froide, on y jette une partie des drogues qui doivent compoſer la teinture, ſçavoir 120 liv. de bois de campêche, communément nommé *bois d'Inde*, haché en petit copeaux; 8 livres de gomme provenant des pruniers, des abricotiers, &c, connue ſous le nom de *gomme de pays*; &

16 liv. de noix de galle concassées. On fait bouillir le tout pendant deux heures & demie, ayant soin de remuer de temps en temps ces drogues avec un bâton, à mesure qu'elles tombent au fond de la chaudiere : alors on rallentit le feu pour faire cesser le bouillon, & l'on ajoûte 7 livres de vert-de-gris ou *verdet*, & 12 livres de vitriol de Mars, plus connu chez les Teinturiers sous le nom de *couperose* : on remue le tout, & quelques moments après, on commence à mettre les Chapeaux dans la chaudiere.

Avec la quantité de drogues dont je viens de faire mention, on peut entreprendre la teinture de 300 Chapeaux demi-castors, que l'on partage en deux parties égales de 150 chacune, pour les mettre l'une après l'autre dans la chaudiere; & l'on prépare cette teinture pendant la nuit, afin qu'elle se trouve toute prête & toute chaude à l'heure où l'on commence la journée.

Après avoir arrangé avec une perche, ou avec un vieux balai le bois d'Inde, la noix de Galle, &c. qui sont comme le marc de la teinture, au fond de la chaudiere, on y place les Chapeaux à la main (*a*), ayant soin qu'ils soient posés sur tête, les uns à côté des autres, autant qu'il en peut tenir. Sur cette premiere couche, on en place une seconde, forme sur forme, c'est-à-dire, que comme les premiers ont la tête en bas, ceux-ci doivent l'avoir en haut; la troisieme couche se met comme la premiere, la quatrieme comme la seconde, & ainsi de suite, jusqu'à ce que les 150 Chapeaux soient employés. Pour empêcher que le dernier lit ne surnage, on le couvre de plusieurs planches épaisses, taillées comme les douves dont on fait le fond d'une futaille, & arrangées à plat les unes à côté des autres : on les charge encore de quelques autres planches en travers, sur lesquelles on met de gros poids : de sorte que cette espece de couvercle qui entre dans la chaudiere, en appuyant sur les Chapeaux les tient toujours entiérement plongés, & leur conserve une chaleur plus égale. On laisse les Chapeaux pendant une heure & demie dans cet état; après quoi on les releve, & cela se nomme une *chaude*.

Pour relever les Chapeaux de la chaudiere, on commence par les décharger des poids & des planches dont je viens de parler; on jette 3 ou 4 seaux d'eau froide sur le bain, non-seulement pour réparer la perte qu'il a faite par évaporation & autrement; mais encore pour amortir la grande chaleur qui ne permettoit pas de manier ce qui en sort : & cela se pratique toutes les fois qu'on releve les Chapeaux après la chaude. Plusieurs Ouvriers se mettent donc autour de la chaudiere, tirent à eux avec un bâton les Chapeaux qui surnagent, en amassent une certaine quantité sur les jantes, & les portent sur des tablettes où ils les arrangent les uns à côté des autres, ayant soin de relever les bords, pour gagner de la place (*Voyez la Fig.* 58), & ils les y laissent pendant tout le temps de la chaude de la seconde partie, c'est-à-dire, pendant

(*a*) On peut arranger les Chapeaux à la main, parce qu'ils ne s'enfoncent pas d'eux-mêmes : ils demeurent à la surface du bain, jusqu'à ce que le poids des autres lits qu'on met par-dessus les fasse aller à fond. Il y a quelques Teinturiers qui n'observent point ce que j'ai dit ci-dessus, en mettant les Chapeaux dans la teinture, & qui les mettent tous sur tête.

deux bonnes heures; car il faut bien un quart-d'heure pour placer les 150 Chapeaux dans la chaudiere, & autant pour les relever; ce qui fait une demi-heure de plus que la durée de la chaude.

Les Chapeaux ainsi placés sur les tablettes, reçoivent de la part de l'air, une impression qui donne le ton à la couleur, & qui la fixe sur l'étoffe; cette pratique est absolument nécessaire; c'est ce que les Teinturiers appellent *donner l'évent*. Ainsi les deux parties de Chapeaux qui partagent une teinture, reçoivent alternativement la chaude & l'évent; & cela se répete 8 fois, c'est-à-dire, que chaque partie reçoit 8 fois la chaude, & autant de fois l'évent.

Avant de donner la premiere chaude à la seconde partie de Chapeaux, c'est-à-dire, aux 150 qui n'ont point encore été mis dans la chaudiere, on *raffraîchit* la teinture avec 3 livres de verdet, & 4 livres de couperose: & on lui donne encore deux pareils raffraîchissements, l'un avant la cinquieme, & l'autre avant la sixieme chaude, c'est-à dire, avant de remettre dans la chaudiere chacune des deux parties de Chapeaux pour la troisieme fois.

Voilà ce que j'ai vû pratiquer chez M. Prevost, qui tient une Manufacture considérable à Paris rue Guénégaud, & qui a bien voulu me donner connoissance de tout ce qui se fait dans ses ateliers. Cependant je sçais que les Teinturiers en Chapeaux ne sont point d'accord entr'eux sur les doses des drogues qu'ils emploient, tant pour la premiere composition, que pour les raffraîchissements; un peu d'expérience apprendra ce qu'il y a de mieux à faire.

Si les 300 Chapeaux étoient tous castors, au lieu de 120 livres de bois d'Inde, on en mettroit 150, une demi-livre par Chapeau, c'est la régle; & deux chaudes de plus qu'aux demi-castors. Si dans une teinture on a des Chapeaux de l'une & de l'autre espece, la premiere chaude est pour les castors: on leur en donne encore une, après que les autres ont reçu leur huitieme, & ils passent la nuit dans la chaudiere.

La teinture des 300 Chapeaux étant finie, on ne jette point ce qui reste dans la chaudiere, on le réserve pour la teinture suivante; ce vieux teint sert à donner aux deux nouvelles parties de Chapeaux, une chaude qui n'est point comptée dans les 8, que chacune d'elles doit recevoir avec le nouveau bain. Après cela on vuide la chaudiere, on la nétoye, & l'on recompose une autre teinture.

Quand les Chapeaux ont reçu toutes les chaudes & tous les évents qu'il leur faut pour être bien teints, on les lave dans plusieurs eaux, pour enlever les parties grossieres & surabondantes de la teinture, qui n'ont pas contracté assez d'adhérence avec le feutre, & qui ne manqueroient pas de noircir tout ce que le Chapeau toucheroit; pour cet effet, on les transporte de l'atelier au bord d'un puits ou de quelque eau courante, & le Compagnon chargé de cette partie, trempe les Chapeaux l'un après l'autre dans un grand bacquet, ou dans quelque vaisseau équivalent rempli d'eau claire, & le posant sur une planche inclinée, il le frotte dans l'eau même, dessus & dessous avec une brosse de poil rude, jusqu'à ce qu'il ne teigne presque plus l'eau. Voyez le bas de la vignette *Pl. V*.

Les Chapeaux qu'il a ainsi lavés, il les arrange à mesure sur des planches ou sur des claies qui sont étendues par terre; il les pose sur tête, & en plusieurs lits, jusqu'à ce qu'il ait fini le premier lavage, pendant lequel il a soin de renouveller l'eau du bacquet quand il s'apperçoit qu'elle devient trop noire : ce vaisseau doit avoir près du fond, un trou de 2 pouces de diametre, que l'on tient fermé avec un tampon, pour contenir l'eau, & que l'on ouvre quand il faut la faire écouler pour la renouveller.

Quand les Chapeaux ont été lavés, comme je viens de le dire, le Laveur les repasse une seconde fois dans de nouvelle eau; & quand il voit qu'ils ne teignent presque plus, il les rassemble sur les claies pour les porter à la chaudiere de dégorgeage, où ils doivent être lavés à l'eau bouillante, & égoûtés.

J'ai déja dit que la chaudiere de dégorgeage differe de celle de la foule, en ce qu'elle est aussi large que longue. Elle contient de l'eau claire & bouillante en telle quantité, qu'elle soit pleine quand on y a plongé 25 Chapeaux à la fois; l'Ouvrier prend ces Chapeaux un à un, les étend sur le banc, & les *retire*, c'est-à-dire, qu'il abat les bords, & qu'il les tire avec les mains, pour les étendre, & effacer les plis qui pourroient y être; ensuite il les égoûte de tête & de bord dessus & dessous, avec la piéce E (*Fig.* 43), ou avec une petite semelle de bois dur, à peu-près de même forme, & taillée en coûteau : en traînant avec force le tranchant de cet outil sur le feutre, il en exprime la plus grande eau, qui emporte avec elle le reste de la teinture superflue. A mesure que l'Ouvrier prend des Chapeaux dans la chaudiere pour les retirer, il y en remet un pareil nombre de nouveaux, afin qu'il y en ait toujours la même quantité, & il continue son travail en prenant toujours ceux qui ont été mis les premiers dans l'eau. Voyez la foule de dégorgeage à droite dans la vignette de la *Pl. V*.

Comme en égoûtant avec la piéce, on a couché & fortement serré le poil du feutre; on le releve en brossant rudement le Chapeau dans toute sa surface, avec un outil qu'on nomme *carrelet*; c'est une petite carde de 3 à 4 pouces en quarré, dont les dents sont fines & serrées, cela s'appelle *retirer à poil*, & c'est la derniere façon que reçoit le Chapeau avant d'aller à l'étuve.

L'étuve du Teinturier ne differe point essentiellement de celle de la foule, elle est seulement beaucoup plus grande; elle doit contenir les 300 Chapeaux d'une teinture : les parois sont garnies de chevillettes pour recevoir les formes sur lesquelles sont les Chapeaux; & dans le haut, à une petite distance du plancher, il y a encore des barreaux en travers pour en recevoir : au milieu de l'étuve, par terre, est un bassin quarré de 3 à 4 pouces de profondeur, que l'on charge d'abord de deux boisseaux & demi de charbon, & que l'on couvre d'une cage de fer, pour prévenir les accidents du feu.

Les Chapeaux étant rangés dans l'étuve, on allume le charbon, & l'on ferme

ferme le guichet; deux heures après, on ranime le feu avec un boiſſeau & demi de charbon, & on referme l'étuve : il faut ordinairement 6 heures pour ſécher les Chapeaux : après quoi on les retire, & on les ramaſſe en tas ſur des tables ou ſur des planches attachées aux murs de l'atelier.

Le Teinturier & ſes Compagnons reprennent de-là les Chapeaux un à un, & les frottent de toutes parts avec une broſſe rude, ce qui s'appelle *broſſer la teinture*; après quoi ils leur donnent le luſtre en les broſſant à l'eau froide, & puis ils les remettent à l'étuve pendant une heure, à une chaleur médiocre qui ſuffit pour les ſécher. Après cela on les enléve, on les ſépare des formes; & alors le travail du Teinturier eſt fini.

J'ai dit au commencement de l'article de la Teinture, qu'il y avoit à gagner pour le Fabriquant qui fait teindre chez lui en fourniſſant les drogues, & en payant la main-d'œuvre ; cela ne doit s'entendre que du Chapelier qui fait beaucoup d'ouvrage, & qui auroit, par exemple, toutes les ſemaines ou tous les quinze jours, 300 Chapeaux à mettre en teinture ; ſans cela, la dépenſe que lui cauſeroient le loyer de ſon atelier, la conſtruction & l'entretien des fourneaux, des étuves, des chaudieres, & autres uſtenſiles néceſſaires au Teinturier, pourroient balancer, & même ſurpaſſer le gain qu'il y auroit à faire en teignant ſes Chapeaux lui-même : on en pourra juger par le compte ſuivant.

Pour la Teinture de 300 demi-Caſtors.

120 livres de bois d'Inde à 26 liv. le quintal	31 liv.	4 ſols.
8 de gomme de pays à 40 liv.	3	4
16 de noix de Galle à 2 liv. 10 ſols la livre	40	
13 de verdet à 1 liv. 8 ſols	18	4
20 de couperoſe à 2 ſols	2	
Pour robber, 3 journées d'homme à 2 liv. 5 ſols	6	15
Pour aſſortir & dreſſer, 3 journées. *Idem.*	6	15
Pour dégorger 3 journées. *Idem.*	6	15
Luſtrer & mettre aux étuves, 2 journées. *Idem.*	4	10
Emplir la chaudiere & la relaver	6	
Une voie de bois refendu	21	
Une voie de charbon	4	4
Total	149 liv.	14 ſols.

Pour teindre pareille quantité de Chapeaux à raiſon de 7 liv. 10 ſols par douzaine . . . . 187 liv. 10 ſols.

Profit du Chapelier qui teint chez lui en prenant la dépenſe ſur ſon compte . . . . 37 liv. 16 ſols.

Quand on vuide la chaudiere pour la nétoyer, & compoſer une nouvelle teinture, on ne jette point ce qui reſte du vieux bain ; c'eſt le profit des garçons Teinturiers, qui le vendent à ceux qui teignent des étoffes de laine;

car, comme je l'ai déjà dit, la laine prend le noir bien plus aisément que le poil, & si l'on faisoit beaucoup de Chapeaux de cette matiere à Paris, il ne faudroit pas d'autre teinture pour eux, que celle qu'on abandonne ainsi aux Compagnons, qui en retirent peu de chose (a).

On ne leur donne pas de même le bois d'Inde qui se trouve avec la noix de Galle au fond de la chaudiere ; le Maître qui a fait la teinture se le réserve ; il l'amasse pour le brûler pendant l'hyver : & ce chauffage, outre qu'il est fort bon, a encore l'agrément de réjouir la vûe, par la belle variété de couleurs qu'il donne à la flamme, à cause du vert-de-gris, dont le bois s'est imprégné.

Apprêt des Chapeaux.

Le Chapeau en sortant des mains du Teinturier, passe dans celles de l'Apprêteur : c'est ce dernier Ouvrier qui le met en état de se soutenir, & qui lui donne le dernier lustre. Il y a dans la Chapélerie, des Ouvriers qui ne sont qu'apprêter & approprier, & qui vont travailler chez les Maîtres, sur le pied de 40 sols par jour à Paris, & de 30 sols à Lyon.

Apprêter un Chapeau, c'est faire entrer dans l'épaisseur du feutre, une espéce de colle dont je vais donner la composition, & faire en sorte qu'il n'en reste rien à la surface ; cette opération est assez délicate ; quand elle ne réussit pas, soit parce que l'apprêt est mal composé, soit parce qu'il est employé mal-adroitement, le Chapeau s'en ressent toujours ; à la moindre humidité qu'il reçoit, il devient comme écailleux, & comme enpâté d'une matiere farineuse ; il perd tout son mérite.

Dans un chaudron de fer fondu ou de cuivre, on met 14 livres d'eau, ou environ 7 pintes mesure de Paris, que l'on fait bouillir pendant deux bonnes heures, avec deux livres de gomme de pays ; & quand on s'apperçoit que tout est bien fondu, qu'il n'y a plus de grumeaux, & que la gomme est parfaitement dégagée des petits morceaux d'écorce de bois, des fragments de feuilles séches, &c, qui s'y trouvent presque toujours mêlés, on y ajoûte deux livres de colle-forte : les uns préferent celle qui se fabrique à Paris ; les autres aiment mieux celle qui vient de Flandre ; mais l'une ou l'autre se fond mieux, quand on a pris la précaution de la faire tremper auparavant dans un peu d'eau pendant 5 à 6 heures. Quelques Chapeliers retranchent une once ou deux de la gomme de pays, qu'ils remplacent avec pareille quantité de gomme d'Arabie ; mais tous ajoûtent à ces drogues les trois quarts d'une chopine de fiel de bœuf, ou au défaut de cette matiere, pareille quantité de vinaigre de vin, qui ne supplée point parfaitement au fiel. Tandis que cette composition est chaude, on la passe dans un gros tamis de crin, & on la garde dans un vaisseau qui aille au feu sans se casser, afin qu'on puisse la rechauffer toutes les fois qu'on voudra s'en servir : car l'apprêt doit s'employer chaud.

Dans les Fabriques de Lyon, l'apprêt se compose un peu différemment ; on

(a) 3 liv. ou 3 liv. 10 sols.

ne met qu'un sixieme de colle-forte avec la gomme ; mais on en fait entrer davantage dans le feutre. L'aprêt pour la tête du Chapeau ne contient ni fiel ni vinaigre, il doit être plus épais que celui du bord ; comme on finit d'apprêter par cette partie, le plus clair se trouve usé, ce qui reste au fond de la chaudiere, est moins liquide, & on l'emploie aussi moins chaud. L'Apprêteur doit être muni d'une certaine quantité de colle-forte fondue à part, comme on le verra par la suite. Les Chapeaux blancs ou gris ne reçoivent point d'autre apprêt que de la colle-forte toute pure.

L'atelier de l'apprêt doit être pavé, ou au moins carrelé, à cause du feu dont on y fait un usage presque continuel ; & si les fourneaux dont je vais parler, peuvent être sous un manteau de cheminée qui reçoive & qui transporte au-dehors la vapeur du charbon, on s'en trouvera beaucoup mieux.

Il y a communément deux fourneaux l'un près de l'autre ; ou s'il n'y en a qu'un seul, il porte deux réchauds, dont chacun est évasé en entonnoir, ayant au fond une grille de fer sur laquelle se pose le charbon allumé, avec un cendrier au-dessous, comme aux fourneaux des cuisines ; & pour maintenir le bord supérieur, qui peut avoir 15 pouces de diametre, il y a un cercle de fer, qui affleure la maçonnerie. Voyez *la Fig. 59.* qui représente la moitié *A* du fourneau, dans son entier, & l'autre moitié *B* par sa coupe de haut en bas.

Sur trois morceaux de brique placés à égale distance l'un de l'autre autour de chaque réchaud, on établit une platine de cuivre, ou plus souvent une plaque de fer de fonte, qui a deux pieds de diametre, & qui couvre le réchaud sans étouffer le feu, étant assez élevée par les morceaux de brique, pour laisser un jour suffisant entre elle & le bord du réchaud. On couvre cette platine de deux morceaux arrondis d'une grosse toile fort lâche, couchés l'un sur l'autre, & fortement humectés de partout avec de l'eau. Il s'en exhale une vapeur épaisse, que la grande chaleur fait naître, & qu'elle pousse fortement de bas en haut. Les deux platines ainsi préparées, se nomment *les bassins* ; & la vapeur qu'on a soin d'entretenir en humectant la toile par de fréquentes aspersions (*a*) & par un grand feu, s'appelle *la buée.*

S'il y a une grande quantité de Chapeaux, on fait ordinairement travailler ensemble deux Apprêteurs ; l'un tient les bassins, tandis que l'autre *garantit*, & distribue la quantité d'apprêt convenable à chaque Chapeau : mais à Paris chez la plûpart des Maîtres, il n'y en a qu'un qui fait le tout.

Garantir à l'apprêt, c'est reconnoître les endroits foibles du feutre, & y mettre de l'apprêt, proportionnément au dégré de foiblesse qui a été reconnu ; c'est par-là que l'Ouvrier commence. Il est placé, (assis ou debout) (*b*), devant une petite table qu'on appelle *bloc*, (*Fig. 60, 61*) ; elle a tout au plus

(*a*) Les aspersions se font ici comme au bastissage, avec un bouquet de fragon ; mais celui qu'on emploie aux bassins de l'apprêt, est beaucoup plus gros.

(*b*) L'Apprêteur est assis, quand il y en a un second pour tenir les bassins ; s'il est seul, il se tient debout, étant obligé d'aller continuellement au fourneau, & de revenir au bloc.

deux pieds en quarré, & elle est percée à jour au milieu par un trou rond de 7 pouces & demi de diametre. Ce trou reçoit la tête du Chapeau, de maniere qu'il ne reste que le bord à plat sur le bloc, présentant la face qui sera la plus apparente quand le Chapeau sera retroussé. C'est toujours sur cette face que l'on garantit, & que l'on pose l'apprêt.

L'Ouvrier ayant passé les quatre doigts de sa main gauche sous le bord du Chapeau, & le tâtant avec le pouce en le faisant tourner, reconnoît les endroits où le feutre a besoin d'être fortifié, & en même temps avec une brosse (*Fig.* 62), qu'il vient de tremper légérement dans la chaudiere, & qu'il tient de la main droite, il garantit toutes les places qu'il a remarquées; & tout de suite ayant repris de nouvel apprêt, il en étend sur tout le bord une ou deux fois & même trois fois, suivant la grandeur du Chapeau & la force du feutre: en traînant sa brosse, il épargne l'arête, c'est-à-dire, qu'il s'abstient de porter l'apprêt jusques-là; & il finit par étendre d'un coup de brosse en traînant ce qui peut en être entré dans la tête.

Il va sur le champ au bassin, il mouille la toile par une forte aspersion, & il la couvre avec le Chapeau, en appliquant dessus, la face qui vient d'être chargée d'apprêt. Dans l'espace de deux ou trois minutes, la buée fait rentrer tout l'apprêt dans l'épaisseur du feutre; on le reléve alors, on le place dans un bloc, & avec le plat de la main que l'on fait passer en frottant sur toute la face qui a reçu l'apprêt, on reconnoît s'il n'y reste plus rien de gluant; ce qui étant fait, on retire un peu le poil avec le carrelet, en brossant de la tête à l'arête, sur tout le tour du bord: & alors le Chapeau est apprêté dans cette partie.

L'Apprêteur qui travaille seul, en relevant un Chapeau, en met un autre sur le bassin; & tandis que celui-ci est sur la buée, il a précisément le temps qu'il lui faut, pour repasser à la main & au carrelet celui qu'il vient d'ôter, & pour mettre en apprêt celui qui doit suivre au bassin.

En relevant un Chapeau, si l'on s'apperçoit que l'apprêt n'est pas assez rentré, on le remet pour un moment sur la buée, & pour l'ordinaire cela suffit; mais si par un trop grand feu, ou faute d'avoir relevé assez tôt, on a fait passer l'apprêt au-delà de l'épaisseur du feutre, s'il s'en trouve sur la face opposée à celle qui l'a reçu, l'opération est manquée; il faudra dégorger ce Chapeau avec une eau de savon employée chaude; frotter fortement les deux faces du bord avec une brosse rude, & les égoûter à plusieurs reprises, avec une semelle de bois dont le bord soit tranchant, jusqu'à ce qu'on ait purgé le feutre de tout l'apprêt qu'on y avoit mis: après quoi on l'apprête de nouveau.

Les Chapeaux étant apprêtés de bord, n'ont plus besoin que de l'être en tête; & pour cette derniere façon, il ne faut point de bassin. On les tient l'un après l'autre avec la main gauche posés sur tête, & avec un pinceau gros comme le pouce, qu'on tient de la main droite, on applique au milieu du fond du fond, une *rozette* (*a*) de colle-forte, sur laquelle on ajoûte de suite deux couches d'apprêt, plus épais & moins chaud, que celui qui a servi pour le bord; & l'on étend l'une de ces deux dernieres couches, sur tout le dedans du Chapeau jusqu'au lien. On ne fait point rentrer l'apprêt de la tête, parce que cette partie est cachée par la coëffe; on se contente de le laisser sécher.

Si le Maître est pressé d'avoir ses Chapeaux pour les garnir, on les porte à l'étuve, afin de pouvoir les *approprier* quelques heures après; sinon l'Apprêteur les accroche à des chevilles dans l'atelier, où ils demeurent deux ou trois jours, pour se sécher; c'est, dit-on, ce qu'il y a de mieux à faire. Les Chapeliers remarquent que la chaleur de l'étuve appauvrit l'apprêt, & qu'il rend un meilleur service quand on l'a laissé sécher lentement, & par la seule action de l'air. A 7 à 8 pouces de distance du plancher, & parallélement à lui, il y a de longues barres de bois traversées de chevilles; c'est-là qu'on accroche les Chapeaux nouvellement apprêtés, & on les y porte avec une fourche de bois, qui les prend à l'endroit du lien. *Fig. 63.*

C'est le même Ouvrier qui apprête & qui *approprie* les Chapeaux : comme Approprieur, il a trois choses à faire, *dresser*, *repasser* & *lustrer*. Ces trois façons vont ensemble de la maniere qui suit.

L'Ouvrier prend un Chapeau apprêté, qu'on suppose être suffisamment sec; il ôte la ficelle que le Teinturier a mise sur le lien, & en tenant le bord appuyé sur une table qu'il a devant lui, il le frotte fortement dessus & dessous avec une brosse dont le poil qui est de sanglier, n'a qu'un pouce de hauteur : il brosse de même le tour & le dessus de la tête.

Il prend une autre brosse, dont le poil est plus long & plus doux, & qu'on nomme *brosse à lustrer* : il la trempe superficiellement dans une terrine qui contient de l'eau froide; & le Chapeau étant posé à plat sur la table, la tête en haut, il la passe en traînant plusieurs fois sur toute la face du bord qui se présente à lui; aussi-tôt après, avec un fer chaud assez semblable à ceux dont les blanchisseuses se servent pour le linge, il repasse en appuyant toute la partie qu'il vient d'humecter; la chaleur & l'humidité agissant ensemble sur le feutre, le rendent souple, & procurent à l'Ouvrier la facilité *d'abattre* le bord, que l'apprêt a relevé en se séchant.

Le fer à repasser du Chapelier, pourroit être un fer ordinaire de Blanchisseuse, & quand on n'en a point d'autre, on s'en sert en le faisant chauffer plus souvent; mais on en fait exprès avec du fer de fonte, & les meilleurs viennent de Lyon; ils ont un pouce d'épaisseur, six pouces de hauteur & 3 pouces & demi de largeur par le bas; avec une poignée de fer forgé, implantée dans l'épaisseur de la piéce, lorsqu'on l'a moulée. Voyez la *Fig. 64.* La face qui s'applique sur le feutre est garnie d'une seméle de fer forgé, bien dressée &

(*a*) L'Apprêteur appelle ainsi, une couche circulaire de colle, qui a deux ou trois pouces de diametre.

bien polie : elle eſt plus large que celle qui porte la poignée; de ſorte que l'épaiſſeur taillée en talus, ne touche point la tête du Chapeau, quoique le fer ſerre le lien de fort près. Il eſt preſque inutile de dire qu'on garnit la poignée avec du linge, ou avec quelque morceau d'étoffe doublé ou triplé pour la manier ſans ſe brûler; mais il ne l'eſt pas de ſçavoir à quel point le fer doit être chauffé; car s'il l'eſt trop, on riſque de brûler le feutre; & s'il ne l'eſt point aſſez, il *n'abbat* point & ne *dreſſe* point ſuffiſamment : ſon degré de chaleur doit être tel qu'une goutte d'eau qu'on laiſſe tomber deſſus, s'évapore dans l'eſpace de deux ſecondes ou à peu-près.

Il faut avoir au moins deux fers, afin qu'il y en ait toujours un au feu, tandis qu'on tient l'autre : on les chauffe ſur un réchaud de fer de fonte ou de terre cuite, qui eſt plus long que large, & qui contient du charbon allumé. (*Voyez la Fig. 65*). Je reviens au travail de l'Approprieur, qui dreſſe le Chapeau.

Lorſqu'il a humecté, comme je l'ai dit, & paſſé le fer pour la premiere fois ſur toute la face du bord, oppoſée à celle qui touche la table; il charge la tête du Chapeau avec une forme qu'il poſe deſſus, afin que le lien porte également par-tout ſur la table; & dans pluſieurs fabriques, on eſt dans l'uſage de placer la tête du Chapeau ſur une autre forme, qui n'a que la moitié de la hauteur ordinaire, & dont le tout, au lieu d'être cylindrique, fait un angle un peu aigu avec la baſe. Le Chapeau étant ainſi diſpoſé, l'Ouvrier mouille une ſeconde fois avec la broſſe à luſtrer, la face du bord, qui eſt tournée en en-haut; il la repaſſe au fer, & de ſuite aſſujétiſſant ce bord avec la main gauche, il le ſaiſit avec la droite auprès de l'arête, & il le détire tout autour en pouſſant toujours en avant la partie qu'il tient; ce travail aidé d'une chaleur humide qui amollit l'apprêt, & qui donne de la ſoupleſſe au feutre, augmente l'étendue du bord du côté de l'arête, & l'abat de maniere qu'il ſe range tout à plat ſur la table; mais comme il reſte toujours quelques plis après que l'Ouvrier l'a ainſi détiré, il acheve de les effacer avec le fer, qu'il paſſe encore en appuyant ſur les endroits qui en ont le plus de beſoin.

Pour travailler ſur l'autre face du bord, l'Approprieur fait entrer la tête du Chapeau dans le trou d'un bloc, & alors cette face ſe préſente à lui, il l'humecte légérement, & la paſſe au fer dans toute ſon étendue, en appuyant de toute ſa force, & en s'arrêtant un peu ſur les endroits où il a remarqué des plis ou des bourſouflures. Enſuite pour relever le poil du feutre, il broſſe partout en allant de la tête à l'arête, & finit par un coup de fer qu'il donne légérement tout autour.

Le Chapeau étant ainſi dreſſé de bord, l'Ouvrier le met ſur une forme un peu haute, afin qu'en tournant, il ne frotte point ſur la table; il mouille légérement toute la tête avec la broſſe à luſtrer, & paſſe au fer tout le tour qu'il tient appuyé ſur le bord de la table, ayant le bord appliqué ſur ſa poitrine & ſur ſon ventre. Enſuite il y paſſe la broſſe rude pour relever le poil, & finit par un coup de fer léger.

Après avoir ainsi dressé le tour, il passe le fer en tournant sur le haut de la tête, le brosse un peu rudement, & y repasse le fer.

Après toutes ces façons, le Chapeau se trouve suffisamment dressé dans toutes ses parties; mais la face du bord, qui sera la plus apparente quand le Chapeau sera retroussé, a besoin qu'on lui fasse encore revenir le poil, & c'est ce que fait l'Ouvrier après avoir ôté la forme; la tête du Chapeau étant tournée en en-bas, & le bord étant posé sur celui de la table, il brosse fortement la face qui est tournée vers lui, en faisant tourner le Chapeau, jusqu'à ce qu'elle ait été brossée dans toute son étendue; il fait d'abord aller & venir la brosse du lien à l'arête & de l'arête au lien; mais il finit par coucher le poil dans un même sens en brossant à grands coups, du lien à l'arête seulement; & en faisant passer le fer légérement & sans mouiller, sur toute la face qu'il vient de remettre à poil.

Enfin, il pose à plat sur la table, la face qui est finie; il donne à l'autre quelques coups de brosse, non en tournant autour de la tête du Chapeau; mais en allant droit d'une partie de l'arête à l'autre : il en fait autant sur toute la tête, & passe légérement le fer pour la derniere fois, sur tout ce qu'il vient de brosser.

Une attention que l'on doit avoir en dressant les Chapeaux, c'est de ne les humecter qu'autant qu'il faut pour faciliter l'abattage; car s'ils restoient mouillés considérablement en sortant des mains de l'Approprieur, les bords ne manqueroient pas de se relever, & de prendre de mauvais plis en se séchant; il faut même avoir l'attention de ne les point tenir dans un lieu trop chaud, jusqu'à ce qu'ils soient parfaitement secs.

Quelque soin que les Coupeuses & les Arracheuses ayent pris pour séparer le gros poil du fin; quelque attentifs que les Compagnons ayent été à ébourer leur ouvrage à la foule; quand le Chapeau est fini & lustré, on y apperçoit presque toujours des brins de jarre que le feutre a poussés au-dehors, en rentrant, & qu'on ne manque pas d'enlever aux castors & demi-castors. Cette façon s'appelle *éjarrer*; on y employe des femmes qui travaillent ordinairement chez elles, & à qui l'on porte les Chapeaux. Elles enlévent le jarre avec une pince d'acier (*Fig.* 66) qui fait ressort, & qui s'ouvrant d'elle-même, se ferme quand on la serre avec la main : on paye à Paris l'Ejarreuse sur le pied de 24 sols par douzaine.

Les Chapeaux qui reviennent de chez l'Ejarreuse sont un peu déparés; quelquefois même ils y contractent de mauvais plis; pour y remédier, on les fait repasser par les mains de l'Approprieur qui les rebrosse, & qui leur donne un coup de fer pour les relustrer avant qu'on les garnisse.

Chez les Chapeliers, il y a un endroit qu'on nomme *boutique*, s'il est au rez-de-chaussée & sur la rue, ou *magasin* quand il est sur le derriere de la maison ou dans le haut; c'est-là que les Chapeaux sont garnis par des Garçons qui ſont à l'année, & quelquefois par des Ouvriers qui n'ont que cela à faire (*a*).

Garnir un Chapeau, c'eſt y faire & y attacher une coëffe ; y mettre un cordon ou quelque choſe d'équivalent pour ſerrer plus ou moins la tête à l'endroit du lien, y coudre des attaches pour tenir le bord retrouſſé, un gallon & un plumet, s'il doit y en avoir.

Les coëffes ſe font, pour la plûpart, avec du treillis teint en noir, qui eſt gommé & calendré : celles des Chapeaux blancs que l'on envoie dans les colonies Eſpagnoles, ſont de ſatin, & de différentes couleurs; toutes les ſortes de rouges, le bleu, le vert, ſont les couleurs qu'on employe le plus, avec quelques jaunes. Pour les Chapeaux les plus communs qui ſe font dans les provinces, on prend de gros treillis qui ſe font ou qui ſe vendent à Cholet en Anjou : mais les plus fins & les plus beaux ſe tirent de S. Gal en Suiſſe, & ſont connus à Paris ſous le nom de treillis d'Allemagne ; ils ſont de bon teint, parce qu'ils ſont paſſés au bleu avant que d'être mis en noir ; les piéces ſont de ſix aunes ou un peu plus; elles ont au moins trois quarts de large, & ſe payent ſuivant leur degré de fineſſe, depuis 6 liv. juſqu'à 18.

La coëffe d'un Chapeau ſe fait de deux piéces : l'une fait le tour, l'autre le fond. Soit qu'on la faſſe de ſatin ou de toile, la piéce du tour ne ſe prend pas de droit fil : on la coupe de biais, afin qu'en prêtant, elle s'accommode mieux à la partie qu'elle doit doubler ; la piéce de treillis (*Fig.* 67) eſt pliée en deux ſur ſa largeur : on commence par retrancher la partie *a b c*, faiſant *a b* de trois ou quatre doigts plus long que *b c* ; puis on plie ſucceſſivement ſur les lignes *d e*, *f g*, &c. pour marquer des bande de trois ou quatre pouces de largeur que l'on coupe avec des ciſeaux, en leur faiſant ſuivre le pli. Comme la toile eſt double, chaque bande que l'on détache ainſi, fournit deux tours de coëffe, que l'on ſépare en coupant ſur la ligne *a d*.

Les fonds ſe prennent ſur une autre piéce de treillis ſemblable à la premiere ; & pliée comme elle en deux ſur la largeur : on en fait des bandes de ſix pouces & demi de large, comme *h i k l*, *h k m n*, &c, leſquelles, à cauſe du doublement de la toile, donnent chacune cinq carrés, comme *o k p l*, *o q r p*, &c, qui ſont autant de fonds.

L'Ouvrier (ou l'Ouvriere) qui garnit, commence par aſſembler les tours en couſant le bord *a d*, avec *c e* ; & puis il attache le fond par une couture qu'il mene circulairement dans le carré *o k l p* ; il prépare ainſi un certain nombre de coëffes, qu'il tient les unes plus grandes, les autres plus petites, pour les aſſortir enſuite à des Chapeaux de différentes grandeurs.

Quand il veut attacher une coëffe, il choiſit donc celle qui convient le mieux au Chapeau ; il l'y fait entrer en appliquant l'envers du treillis contre le feutre ; il la range tout autour & au fond avecs ſes doigts ; il remploie en-

(*a*) Les Garçons garniſſeurs ſont à l'année, logés & nourris ; leurs gages ſont depuis 150 liv. juſqu'à 200 liv.

dedans ;

dedans, c'eſt-à-dire, contre le bord de la tête, ce qui excéde, & il le coud avec du fil teint en ſoie, (*a*) ayant attention que les points de la couture ſe perdent dans l'épaiſſeur du feutre. Après cela il arrête encore la coëffe ſur le tour de la tête en dedans, & à une petite diſtance du fond, par un bâtis en gros fil de Bretagne, dont il cache encore le point dans l'épaiſſeur de l'étoffe.

Lorſque les coëffes ſont de ſatin, on eſt aſſez dans l'uſage d'arrêter un morceau de papier arrondi entr'elles, & le fond du Chapeau; c'eſt, dit-on, pour ſoutenir l'étoffe de ſoie qui n'a pas autant de corps qu'un treillis gommé & calendré. Aux Chapeaux ordinaires, quelques particuliers font mettre une calotte de veſſie ſous la coëffe; mais le Chapelier ne fait rien mettre qu'on ne lui demande, ſi ce n'eſt peut-être, une petite bande de maroquin noir, de la largeur de deux doigts qu'on ajoute par-deſſus la coëffe, pour empêcher que la ſueur du front ne pourriſſe trop-tôt le treillis.

Le bas de la tête du Chapeau doit être garni en-dehors de quelque ligament qu'on puiſſe ſerrer ou lâcher ſuivant le beſoin: le Chapelier y met un cordon de crin (*b*) teint en noir, qui fait pluſieurs tours, & qui s'arrête par un nœud coulant: cela n'a point l'inconvénient d'une ficelle qui ſe reſſerre conſidérablement ſi elle eſt mouillée, & qui ſe lâche de même en ſe ſéchant. En place de ces cordons, bien des gens font mettre une treſſe de ſoie, d'argent ou d'or, avec une boucle, ce que l'on appelle *bourdaloue*. Ci-devant cela n'avoit que quatre à cinq lignes de largeur; aujourd'hui ce ſont des gallons en clinquant large d'un pouce, qui ceignent la tête du Chapeau à la moitié de ſa hauteur, & même plus haut, formant une double roſette à l'endroit du nœud. Mais ce ſont des ornemens que le Chapelier fait payer à part quand il eſt chargé de les fournir.

Il eſt rare qu'on porte un Chapeau avec le bord entiérement abattu, à moins que ce ne ſoit pour ſe garantir d'une groſſe pluie, ou de la trop grande ardeur du ſoleil. Dans l'uſage ordinaire, le Chapeau eſt plus ou moins retrouſſé, ſelon l'état & le goût de celui qui le porte: quoiqu'il y ait ſur cela une grande variété; & que la mode qui regne ſur tout, nous montre chaque année cette coëffure ſous différents aſpects: cependant on ne ſort point de l'habitude où l'on eſt depuis long-temps de relever le bord du Chapeau en trois parties, & de lui faire prendre par-là une forme triangulaire, à peu-près comme il eſt repréſenté par la *Fig.* 68. Les anciens Chapeaux étant plus grands de bord que ne le ſont les nôtres, on peut croire qu'en les retrouſſant ainſi, l'on a eu intention de ſe procurer trois goutieres, deux au-deſſus des épaules, & une au-deſſus de la face, aſſez avancées pour jetter au loin l'eau d'une groſſe

(*a*) Le fil à garnir, connu ſous le nom de *fil à Chapelier*, ſe tire de Rouen; il eſt de bon teint, & ſe paye depuis 6 liv. juſqu'à 9 liv. la livre.

(*b*) Les Cordons de crin ſe font & ſe teignent à Rouen; les Suiſſes en font auſſi à Paris; cela ſe vend 3. liv. la douzaine de paquets.

pluie ; s'il n'y en avoit que deux, le corps feroit moins à couvert qu'avec trois ; quatre ne laisseroient point à l'eau la pente qu'il lui faut pour s'écouler. Pour les Religieux & pour les Ecclésiastiques qui portent les leurs moins retroussés que ceux des laïcs, on ne se sert point d'attaches ; mais on y met plus d'apprêt, & lorsqu'ils sont encore moites, on releve le bord en trois parties égales, que l'on courbe un peu du lieu à l'arrête, & on l'assujétit dans cet état jusqu'à ce qu'il soit bien sec ; alors il s'y maintient de lui-même à l'aide de la colle qui s'est durcie dans l'épaisseur du feutre.

Aux autres Chapeaux, on fait approcher le bord plus près de la tête, & on l'y retient avec des portes & des agraffes ; ou bien avec une ganse de soie doublée, cousue d'une part à la tête, & portant de l'autre un *clavier* qu'on fait passer dans *la porte* (*Fig.* 69). Outre cela un des trois côtés est orné au milieu, d'un bouton, qui reçoit une double ganse attachée à la tête du Chapeau (*Fig.* 70.) & qui est assortie, ainsi que le bouton, à la Bourdaloue & au gallon qui borde, s'il y en a un (*a*).

Les Chapeaux qu'on envoye dans nos Colonies, sont retroussés *à l'Angloise* ; c'est-à-dire, qu'on n'employe ni portes ni agraffes ; le bord est comme cousu à la tête, de la maniere suivante. Par le moyen d'une grosse aiguille que l'on nomme *Carrelet*, on fait passer une ganse de soie noire du dedans de la tête à la face extérieure du bord, en *a*, par exemple, (*Fig.* 71) on la fait repasser par le point *b* ; on la ramene en-dehors par le point *c*, & enfin on la fait rentrer par *d* : les deux bouts se retrouvent alors dans la tête, & on les tient assez longs, pour avoir la liberté d'abattre le bord quand on le veut ; on les resserre & on les noue ensemble, quand il faut le retrousser.

Les trois cornes égales au Chapeau, parurent une chose usée & trop commune, il y a quelques années ; les jeunes gens, pour sortir de cette insipidité, ne firent plus qu'un bec très-relevé par devant, laissant les deux autres cornes beaucoup plus larges (*Fig.* 72.) Cette mode vient de faire place à une autre toute opposée. Aujourd'hui il est du bel air de resserrer les deux cornes latérales, & d'ouvrir beaucoup celle de devant, pour laisser briller une large ceinture de clinquant en argent ou en or, dont la tête du Chapeau est décorée, sans compter un gland qui sort par la corne gauche. *Voyez la Fig.* 73.

Dans ces différentes manieres de retrousser le Chapeau, le bord reste en son entier, & le nombre des cornes est toujours le même : mais il y a des occasions où celles des côtés deviennent incommodes, & l'on a cherché à s'en

(*a*) 1. Les portes, agraffes, & claviers noirs dont les Chapeliers font usage, se font chez les Epingliers dans les fauxbourgs de Paris, & se vendent à la livre depuis 24 jusqu'à 28 sols. Pour sçavoir comment ces petits ouvrages se font & se teignent en noir, voyez *l'Art de l'Epinglier*, par M. Duhamel pages 51 & 54 & planche V. Fig. 21.

2. La ganse ronde, & celle en chainette se vend par piéce de 72. aunes 3. liv. 15. sols. en soie commune ; 6. liv. en soie de Grenade chez les Ouvriers qui travaillent au boisseau, ainsi que les tressés en soie.

3. Les boutons de crin se tirent de Beauvais ; il y a aussi des Suisses qui en font à Paris : cette marchandise se paye 28. sols la grosse : ce sont les Maîtres Boutonniers qui fournissent aux Chapeliers comme aux Tailleurs, les boutons en or & en argent.

débarrasser. De-là sont venus le Chapeau en *Cabriolet*, (*Fig.* 74.) & le *bonnet à l'Angloise* (*Fig.* 75).

Le Chapeau en cabriolet se fabrique & se met en apprêt comme les autres ; il n'a guere que trois pouces de bord ; & il est rare qu'on le mette à la teinture ; le plus souvent on lui laisse la couleur naturelle du feutre : ce qu'il a de particulier, c'est qu'on découpe le bord symmétriquement, à peu-près comme il est représenté par la *Fig.* 76 ; & pour ne point faire de fausse coupe, on le trace auparavant suivant un modéle de carton ou de gros papier que l'on peut préparer de la maniere suivante.

Décrivez le cercle *a b c d* de six pouces & demi de diametre, qui représente la tête du Chapeau ; & à un demi pouce de distance un autre cercle concentrique *e f g* ; Décrivez encore du même centre deux cercles *h i k*, & *l m n*, le premier ayant 13 pouces & demi de diametre, & le dernier un pouce de moins. Tracez la ligne droite *o p* égale, & parallele au diametre *c d* ; divisez le rayon *r s* en deux parties égales, & coupez-le à angles droits par la ligne *l m* ; faites passer le crayon & ensuite les ciseaux par les points *h o e l n m g p*, & vous aurez le modéle dont il s'agit : puis ayant renversé le Chapeau, vous appliquerez ce patron concentriquement sur son bord ; vous en tracerez le contour avec la craie, & vous le découperez en suivant le trait. Le Chapeau étant ainsi découpé, on attache les deux aîles *l m*, à la tête avec des agraffes & des portes, on releve & on attache de même la piéce *h* en la faisant plier sur la ligne *o p* ; ou bien on la retient avec une double gase qui embrasse un bouton placé au milieu du dessus de la tête.

Le bonnet à l'Angloise est encore un Chapeau blanc dont on échancre le bord en deux endroits pour le retrousser contre la tête : mais il n'a point reçu d'apprêt ; & quand on l'a mis en forme en le dressant à la foule, on s'est dispensé d'abattre le bord, comme on le fait ordinairement : on y fait donc deux échancrures, comme on le peut voir en *a* & en *b* (*Fig.* 77.) & comme il est fort souple, on replie en suivant la ligne ponctuée *a d b*, presque la moitié de la largeur du bord sur l'autre moitié, & on les retient appliquées contre la tête avec deux boucles de ganses que l'on coud en *a* & en *q*, & deux boutons en *b* & en *f* : en *g* & en *h* sont cousues deux pareilles boucles, qui s'attachent à un bouton, & qui font approcher de la tête les deux bords *h i*, *g k*, ce qui forme la corne *A* du bonnet, comme on le peut voir par la *Fig.* 75 ; assez ordinairement, les attaches de ce bonnet sont en or : la corne *A* qui se met pardevant est bordée d'une petite tresse & enrichie de quelque ornement on broderie.

On fait encore chez les Chapeliers des bonnets de poste, qu'on nomme aussi bonnets *en bateau*, à cause de leur forme (*Fig.* 78. qui sont feutrés comme les Chapeaux, & qu'on laisse aussi sans apprêt & en blanc, de même que les bonnets à l'Angloise : comme on n'y met guere que trois onces d'étoffe, on le bastit à deux capades triangulaires *a b c*, dont l'arête est rentrante, suivant la courbe *b d c*. Ils ſont cenſés finis à la foule, lorſqu'on les a mis en forme; car il eſt aiſé de voir que le bord ne doit pas être abattu; on cherche au contraire à le ſerrer le plus que l'on peut contre la tête, que l'on tient auſſi plus profonde que celle d'un Chapeau : ce bonnet doit ſe ſoutenir ſans attaches; mais on a coûtume de le border en or, & de broder les deux pointes.

Les Eccléſiaſtiques qui ont perdu leurs cheveux par le grand âge ou autrement, & qui ne veulent point porter de perruque, ſe garantiſſent du froid pendant les offices, en faiſant uſage d'une calotte très-profonde, que l'on nomme pour cela *Calotte à oreilles*, (*Fig.* 79.) Les Chapeliers en font de feutre, & ils les bâtiſſent de deux petites capades, qui ont la même figure que celles des Chapeaux; on les foule de même; on les redreſſe ſur une forme haute & convexe par le deſſus : on les met à la teinture, & on les finit comme les autres ouvrages de chapélerie, avec cette différence, qu'on n'y met point d'apprêt. La grandeur & le chantournement du bord ſe reglent en dernier lieu, ſuivant la tête & le goût du particulier qui l'achete ; enfin on la garnit d'une coëffe, qui eſt ordinairement de toile de coton, & d'un petit bordé de padou noir.

C'eſt le Marchand de gallons, qui vend au poids les bords qu'on met aux Chapeaux, ainſi que les treſſes en or ou argent : le Chapelier n'eſt tenu que de les attacher, & cet ouvrage regarde encore l'Ouvrier qui garnit : quant au plumet, tantôt c'eſt le Plumaſſier qui le poſe, tantôt c'eſt le Chapelier; mais ces ornemens faiſant l'objet de deux autres Arts, & étant comme étrangers à celui que je décris, puiſque le Chapeau eſt complettement fabriqué quand il les reçoit, je ne m'arrêterai point aux différentes façons dont ils ſont ſuſceptibles, ni aux qualités qu'on doit y rechercher.

Il n'eſt guere poſſible de manier tant de fois un Chapeau pour le garnir, ſans lui faire perdre une partie de ſon luſtre; l'Approprieur le lui rend en le repaſſant à la broſſe, au fer, & en dernier lieu en le poliſſant avec une pelotte couverte de cette eſpece de velours qu'on appelle *pane* ou *peluche*. Voyez *la Fig.* 80.

On ſerre ordinairement les Chapeaux au magaſin, quand ils ſont ſeulement apprêtés & appropriés : il eſt aſſez d'uſage de ne les garnir que quand ils ſont deſtinés ou vendus; ceux qui ſont en noir ne craignent guere que la pouſſiere; on les en préſerve en les enfermant dans des armoires garnies de larges tablettes, ſur leſquelles on les met en piles, & les têtes des uns dans celles des autres; mais ſi ce ſont des Chapeaux blancs ou gris, il faut ſe défier des teignes (*a*) qui ne manqueroient pas de s'y mettre & de les rogner : il faut les viſiter

(*a*) La teigne eſt une petite chenille qui s'attache aux ouvrages de poil & de laine, & qui ſe fait un foureau des matieres qu'elle ronge; elle vient d'un petit papillon qu'on voit voler le ſoir autour des lumieres, & qui dépoſe ſes œufs ſur les meubles & ſur les habits : ceux qui ſont teints en noir y ſont moins ſujets, à cauſe du vitriol & du vert-de-gris qui entrent dans la teinture, & qui en écartent apparemment cet inſecte.

ſouvent,

ſouvent, leur donner un coup de broſſe, & l'on ne feroit point mal d'enfermer avec eux quelques morceaux d'étoffe, de linge, ou de papier enduits de térébenthine; les odeurs fortes éloignent les inſectes, & l'on ne doit pas craindre que celle-là s'attache inſéparablement au Chapeau; il la perdra bientôt dès qu'il ſera expoſé au grand air.

Quand le Chapelier, ou ſon garçon de magaſin, va livrer un Chapeau à quelqu'une de ſes pratiques, il le porte tout retrouſſé comme on le peut voir par les *Fig.* 68, 73, &c, & il eſt renfermé dans un étui de carton (*a*). Il a eu ſoin d'en prendre la meſure auparavant ſur un Chapeau qui a ſervi à la même perſonne; le compas du Chapelier (*Fig.* 81), eſt compoſé de deux piéces; la premiere *AB*, eſt un tuyau cylindrique qui a cinq pouces de longueur ſur quatre lignes de diametre, avec un bouton plat ſur lequel eſt gravée la marque du Maître; la ſeconde eſt une tige *CD* de même métal, qui a quatre pouces & demi de longueur, ronde & d'une égale groſſeur par-tout; avec un autre bouton plat. Elle gliſſe avec beaucoup de frottement dans la premiere; de ſorte que quand on la tire, elle demeure comme fixe au point où on la met, & donne entre les deux boutons telle meſure que l'on veut, pour le diametre de la tête d'un Chapeau. Chacune de ces deux piéces porte une diviſion ſur une partie de ſa longueur : la partie *BE* ſur la premiere eſt de 17 lignes, & elle eſt diviſée en 10 parties égales & numérotées; la partie *DF* ſur la ſeconde eſt de 9 lignes ſans aucune diviſion : mais le reſte, à compter du point *F* juſqu'en *C*, eſt partagé en 14 parties égales, que le Chapelier appelle des *points*. Cette derniere diviſion ſert à prendre la meſure de la tête du Chapeau; on en prend le diametre intérieur en faiſant rentrer la piéce *CD* dans *AB*, autant qu'il eſt néceſſaire, & l'on compte le nombre des points par les chifres qui ſe trouvent à découvert hors de la piéce *AB*. La diviſion qui eſt ſur cette derniere piéce ſert à meſurer la largeur du bord d'un Chapeau; on compte qu'elle n'eſt jamais moindre que la longueur *BD* : quand elle eſt plus grande, ſon excès s'exprime par le chifre auquel elle atteint.

Le compas du Chapelier n'ayant rapport à aucune meſure connue; chaque Maître juſqu'à préſent a été obligé de faire copier celui de ſon confrere pour s'en procurer un : avec la deſcription que je viens d'en faire, on ſera diſpenſé d'avoir un modéle; l'Ouvrier qui ſçaura travailler le métal en quelque endroit que ce ſoit, pourra exécuter cet inſtrument : Au reſte, il eſt aiſé de s'en paſſer; on peut meſurer en pouces & en lignes la tête d'un Chapeau par ſon diametre, ſa hauteur, la largeur de ſon bord : & le pied de Roi ſe trouve par-tout.

Ici ſe termine l'Art du Chapelier proprement dit, cet Art qui a pour objet de conſtruire un Chapeau feutré de quelque grandeur & de quelque forme

(*a*) Ce ſont les Cartonniers qui préparent les étuis à Chapeaux : ils les vendent 3 liv. la douzaine aux Chapeliers.

qu'il puisse être ; car je ne crois pas qu'on doive lui attribuer certains essais qui n'ont pas réussi, ou que le public n'a point adoptés ; on a fait, par exemple, des bas feutrés sans couture ; mais n'ayant pas la souplesse que cette espece de chaussure doit avoir essentiellement, ils s'appliquoient mal sur la jambe, se durcissoient en peu de temps, & se déchiroient au moindre tiraillement : on a feutré de même des morceaux dont un Tailleur pouvoit composer des vestes & des juste-au-corps ; mais avec les inconvénients dont je viens de parler, ces morceaux taillés & assemblés, ne soutenoient point la coûture, & tout cela devenoit plus cher que ce qu'on travaille au tricot, ou ce qu'on fait avec des étoffes ourdies, qui sont d'un meilleur usage. De toutes les parties de l'homme, il n'y a donc jusqu'à présent que la tête qui ait pû s'accommoder du feutre.

Quoiqu'un Art semble être consommé quand il a conduit son principal objet à sa perfection, néanmoins il peut encore s'étendre au-delà, en fournissant les moyens de le conserver ou de le réparer. Les vieux Chapeaux sont un objet de commerce assez considérable & assez important pour mériter notre attention ; en les remettant en état de servir, on diminue la consommation, & par conséquent la cherté des matieres premieres, dont une grande partie se tire du pays étranger, & l'on empêche que les ouvrages neufs ne montent à un trop haut prix. D'ailleurs le racommodage des vieux Chapeaux, où l'Art trouve encore à s'exercer, est une ressource pour un grand nombre de pauvres Maîtres qui n'ont pas le moyen de fabriquer, & pour un nombre infini de particuliers, qui sans cela porteroient par nécessité plus que par goût, leur Chapeau sous le bras. Ces considérations m'engagent à dire ici ce qui se pratique dans le repassage des vieux Chapeaux : cela ne sera pas long, parce que je ne rapporterai que ce qu'il est nécessaire de sçavoir.

De la maniere de repasser les vieux Chapeaux.

Un Chapeau qui *grise*, c'est-à-dire, dont la couleur est usée, qui a perdu sa forme, & dont le feutre ne se soutient plus, peut se rétablir ; & c'est ce qu'on appelle *repasser*. Le Chapelier fabriquant ou qui tient magasin de Chapeaux neufs, suivant les statuts de sa Communauté, ne peut entreprendre le repassage que pour ses pratiques : quand les Jurés vont en visite chez lui, les vieux Chapeaux qui s'y trouvent doivent être marqués chacun d'un numéro, & inscrits sur un livre avec les noms des personnes à qui ils appartiennent. Le droit de travailler en vieux est réservé aux Maîtres qui n'ont pas le moyen de fabriquer pour leur compte, ni de faire le commerce en marchandise neuve ; mais ce droit ne leur est acquis que quand ils ont déclaré qu'ils s'en tiendront à ce travail ; & ils en sont déchus dès qu'ils veulent user de la liberté qu'on leur conserve toujours de recommencer leur commerce en neuf, quand ils en auront le moyen. Le Chapelier n'est admis à opter pour le vieux, que quand il a six années de Maîtrise ; encore faut-il que pendant cet espace de temps il ait vendu du neuf avec boutique ouverte.

La vente des Chapeaux repaſſés ne peut ſe faire qu'en chambre ou dans certains lieux déſignés pour cela, comme on le voit ſous la voûte du petit Châtelet, & ſous une des portes de la halle au bled. Par le même Réglement il eſt dit, « Que les pauvres Maîtres qui auront fait l'option du vieux, après » avoir acheté des Chapeaux, avant de les vendre, auront ſoin de les nétoyer, » dégraiſſer bien & duement, & lexiver au bouillon de teinture, pour en cor- » riger tout le mauvais air, à peine de grande amende & de punition exem- » plaire. »

Pour repaſſer un vieux Chapeau, on devroit donc commencer par le bien dégorger dans une eau de ſavon bien chaude, & l'égoûter à pluſieurs repriſes juſqu'à ce qu'il eût perdu tout ſon vieux apprêt & la craſſe dont il s'eſt chargé en vieilliſſant; mais pour abréger, le Chapelier en vieux fait une teinture, avec les drogues dont j'ai fait mention ci-deſſus, auxquelles cependant il ajoûte du fiel de bœuf, pour hâter & faciliter le dégraiſſage; il prépare cette teinture dans une chaudiere de dégorgeage ſemblable à celle qui eſt repréſentée par la *Fig.* 82. *Pl. V.* & lorſqu'elle eſt encore bouillante, il y met tremper, pendant une bonne demi-heure ou davantage, une vingtaine de Chapeaux, qu'il tire l'un après l'autre ſur le banc, pour les égoûter de toutes parts & à pluſieurs fois avec la piéce, ou avec une ſemelle de bois taillée en biſeau.

Lorſque tous les vieux Chapeaux ont été ainſi dégorgés à la teinture, s'ils n'ont beſoin que d'un ſimple repaſſage, on les lave à pluſieurs eaux, & on les diſpoſe à l'apprêt : mais s'il faut qu'ils ſoient retournés, on les aſſortit ſur des formes, mettant en-dehors ce qui étoit en-dedans, on les ſerre avec une ficelle qui fait deux tours, que l'on arrête avec un nœud coulant, & que l'on fait deſ- cendre juſqu'au bas de la forme, en la preſſant avec l'avaloir, ou avec le choc, comme on le fait pour aſſortir les Chapeaux neufs; les Chapeaux en cet état ſont remis dans la chaudiere pour une bonne demi-heure, & dégorgés en- ſuite ſur le banc, comme je l'ai dit précédemment.

Après la teinture & le dégorgeage dont je viens de parler, on lave les Cha- peaux à froid & à chaud, juſqu'à ce qu'ils ne teignent plus l'eau, on les égoute & on les fait ſécher à l'étuve : après quoi on les broſſe fortement & on les luſtre à l'eau froide, à peu-près comme je l'ai dit en parlant des Chapeaux neufs, page 57.

Les Chapeaux repaſſés s'apprêtent comme les autres, tant de bord que de tête, ſi ce n'eſt qu'on leur donne une doſe d'aprêt moins grande; on les ga- rantit, on les encolle & on les met à la buée des baſſins; on leur fait revenir le poil le plus qu'on peut au carrelet & à la broſſe; du reſte on les finit au fer, comme il a été dit ci-deſſus, lorſque j'ai parlé du travail de l'Apprêteur.

Quelque attention qu'un Fabriquant puiſſe apporter au choix de ſes matie- res, & à l'emploi qu'il en fait faire, il n'eſt pas poſſible que dans la quantité de Chapeaux qui ſe fabriquent chez lui, il ne s'en trouve de défectueux qui ſont mis au rebut : les Chapeliers en vieux s'en accommodent, les achevent de teinture, d'apprêt, &c, & les vendent. Tant qu'ils ſont vendus comme Chapeaux défectueux, cela ne fait tort à perſonne ; & c'eſt une reſſource ouverte au Fabriquant, pour qui, ſans cela, cette marchandiſe tourneroit en pure perte. Mais les abus ſe gliſſent par-tout : parce que le Chapeau de rebut eſt un Chapeau neuf, on le fait acheter comme bon au particulier qui ne s'y connoît pas, & qui confondant ces deux qualités, s'imagine qu'une marchandiſe qui eſt neuve doit être bonne : d'un autre côté, il arrive ſouvent que le Chapelier ſoi-diſant en vieux, tient magaſin de Chapeaux neufs & de bonne qualité, qu'il vend comme tels en prétextant un commerce de Chapeaux de rebut. C'eſt une contravention d'autant plus difficile à réprimer, qu'il s'agit de déterminer au juſte, à quel point de défectuoſité un Chapeau doit être cenſé marchandiſe de rebut. Cela occaſionne des ſaiſies de la part des Jurés, & des procès qu'on a peine à finir.

On eſt ſurpris, & avec raiſon, de voir combien on tire parti d'un vieux Chapeau qui eſt aſſez ſouvent plein de trous, tout encroûté par la colle qui ſe montre à la ſurface, ſouple comme un morceau de drap, abſolument raz, & d'un noir uſé tirant ſur le roux. Un bon repaſſeur en lui donnant un nouveau teint, le purge de toute ſa malpropreté ; il lui fait revenir le poil, & lui fait prendre la conſiſtance d'un Chapeau neuf par le nouvel apprêt qu'il lui donne : une main adroite répare les endroits déchirés ou troués par des piéces, artiſtement ajuſtées, par des coûtures dont les points ſont perdus dans l'épaiſſeur du feutre, & qu'un coup de luſtre donné à propos fait diſparoître aux yeux de l'acquéreur ; mais malheureuſement tout cet art ne produit point des avantages d'une longue durée ; aſſez ordinairement, la premiere pluie après quelques jours de ſervice fait ſortir la colle en-dehors, le feutre redevient flaſque, & les coûtures qui ſe montrent après quelques tiraillements, décelent tout le mal qu'elles tenoient caché.

Quand le Chapeau eſt uſé ſans remede, & qu'il ne peut plus abſolument ſervir de coëffure, les François ſçavent encore en tirer parti, tous ceux qui ſont jeunes, & même une grande partie de ceux qui ne le ſont plus, par attention pour leur friſure, vont la plûpart du temps la tête découverte, portant ſous le bras les débris d'un Chapeau qui ne mérite de leur part aucun ſoin, comme ils n'exigent de lui aucun ſervice : j'en connois cependant quelques-uns, qui plus délicats apparemment pour leurs genouils, qu'ils ne le ſont pour leur tête, & pour tirer quelque utilité de ce ſimulacre de chapeau, l'ont fait rembourrer, & s'en ſervent pour ſe mettre à genouil dans les égliſes, quand ils n'y trouvent point leurs commodités.

Enfin le Chapeau mis en piéces, ſert encore dans une infinité d'occaſions ; on en fait des ſemelles pour doubler en-dedans celles des ſouliers pendant l'hyver ; on en met des morceaux entre les piéces qu'on veut joindre exactement

ment, pour empêcher le passage de quelque fluide : on en garnit celles qu'on veut faire choquer mollement & sans bruit: les Carreleurs, les Couvreurs, &c. s'en font des genouilleres pour conserver leurs hardes ; les fileuses font tourner dans des aîles de feutre la broche qui porte leur fuseau, pour empêcher qu'elle ne s'use trop vîte, & qu'elle ne s'échauffe par le mouvement rapide que lui donne le rouet, &c. &c : de sorte qu'on peut dire que cette espece d'étoffe, primitivement faite pour coëffer un homme, est d'un usage très-commode, & très-fréquent pour beaucoup d'autres choses, & qu'elle ne cesse d'être utile, que quand elle a souffert une entiere destruction.

RECAPITULATION
OU
Table des matieres contenues dans cet ouvrage.

QUICONQUE n'aura pas vu faire des Chapeaux, ou n'aura point appris par la lecture ou autrement comment on les fabrique, n'imaginera jamais par combien de mains la matiere qu'on y employe doit passer, ni le travail qu'elle exige de chaque ouvrier, pour devenir cette espece de coëffure dont le Chapelier fait son unique objet : je finirai la description de cet Art en remettant sous les yeux du Lecteur, un tableau de ces différentes façons, que j'ai expliquées en détail dans les quatre Chapitres qui composent cet ouvrage.

PREMIER CHAPITRE.

Des matieres avec lesquelles on fabrique les Chapeaux en France.

CES matieres sont 1°. Les laines & les poils dont on fait choix dans le pays. 2°, Les laines & les poils qu'on tire du pays étranger.

Laines de France : celles de Normandie, Champagne, Bourgogne, Berry, Saintonge } les plus courtes.

Poils de France ; ceux de Lapin, Lievre, Chevreaux, Veau } pris en bonne saison.

On peut employer aussi la soie parfilée & hachée.

Laines étrangeres, celles de	Carménie rousse, ou blanche.
	d'Autriche
	Agnelins d'Hambourg.
Poils étrangers, ceux de	Vigogne, rouge ou blanc.
	Pelotage, noir ou roux.
	Chameau, commun ou fin.
	Castor gras, sec, ou veule.

Le choix de ces matieres, l'œconomie avec laquelle on doit les employer, la juste proportion de leur mélange, exigent de la part du maître Chapelier des connoissances & des attentions d'où dépend essentiellement le succès de sa fabrique & de son commerce.

SECOND CHAPITRE.

Comment on prépare les matieres avec lesquelles on fabrique les Chapeaux.

CES préparations consistent dans les façons suivantes.

1° Eplucher les laines & poils qui sont presque toujours chargés d'excréments desséchés, de gravier, de terre, & autres corps étrangers.

2° Dégraisser & laver les laines qui ont besoin de cette préparation.

3° Arracher aux peaux de castor & à celles de lapins, le jarre ou poil grossier, qui ne peut point entrer dans la composition du feutre.

4° Secréter ou passer à l'eau seconde certains poils pour les mettre en état de se feutrer, & de rentrer à la foule.

5° Faire passer les peaux secrétées à l'étuve ou les étendre au soleil pour les faire sécher.

6° Décatir ou ouvrir le poil de ces mêmes peaux que l'eau seconde a pelotonné.

7° Humecter à l'envers du poil les peaux de castor & autres, pour les rendre souples & les mettre en état de s'étendre sur l'établi de la Coupeuse.

8° Couper les différents poils & en faire le triage.

9° Composer les mélanges pour fabriquer différentes sortes de Chapeaux.

10° Faire les pesées & régler par-là le poids des Chapeaux qu'on veut faire.

11° Baguetter les mélanges pour ouvrir le poil, & faire disparoître les pelotons.

12° Carder ces mêmes mélanges, & les repasser jusqu'à ce que les différentes especes de poils qui entrent dans la composition soient parfaitement effacées.

TROISIEME CHAPITRE.

De la maniere de fabriquer les Chapeaux.

Ce Chapitre comprend le travail de l'arçon, celui du bastissage, & celui de la foule.

Travail de l'Arçon.

1° L'Arçonneur partage son étoffe, suivant le nombre des Chapeaux qu'il doit rendre, & suivant le poids que chacun d'eux doit avoir.

2° Il partage l'étoffe de chaque Chapeau, suivant le nombre & la grandeur des piéces dont il doit être composé.

3° Après avoir battu & vogué chaque partie de son étoffe, il forme les capades.

4° Il les marche au clayon & à la carte.

5° Il en arrondit les arêtes, il en dresse les côtés, & les plie.

6° Il bat & vogue ce qu'il a retiré des capades en les dressant & les arrondissant, pour en former une piéce d'étoupage qu'il marche de même.

7° Il prépare de la même maniere les travers & les pointus, si le Chapeau doit avoir de la dorure; & les 10 ou 12 piéces du plumet, s'il a dessein d'en faire un.

Le Bastissage.

1° Le compagnon marche les quatre capades deux à deux dans la feutriere, pour leur donner la consistance nécessaire.

2° Il en assemble deux, ayant bien soin d'effacer tous les plis.

3° Il les marche en tous sens dans la feutriere, pour faire prendre l'assemblage.

4° Il décroise & assemble les deux autres capades.

5° Il les marche comme les deux premieres, & en décroisant plusieurs fois.

6° Il garantit les endroits foibles avec des morceaux qu'il déchire à la piéce d'étoupage.

7° Il marche dans la feutriere tout ce qu'il vient d'appliquer pour garantir.

8° Il applique les travers qui doivent servir de dorure à l'une des faces du bord.

9° Il marche dans la feutriere ces deux piéces pour les faire prendre.

10° Il plie son bâtissage pour le porter à la foule.

Travail de la Foule.

1° Un Compagnon emplit d'eau la chaudiere, & y met la quantité de lie convenable, allume le fourneau: chauffe le bain jusqu'à ce qu'il commence à bouillir; l'écume, & donne avis à ses camarades, que la foule est prête.

2° Chacun d'eux prenant un bastissage, le trempe amplement dans la chaudiere, le retire & le foule dans tous les sens; mais avec les mains nues & mollement pendant la premiere demi-heure.

3° Il l'arrange pour le garantir à la foule.

4° Il garnit tous les endroits foibles avec des piéces d'estoupage, & il les fait prendre.

5° Il applique les pointus qui doivent faire la dorure de la tête, & il les fait prendre l'un après l'autre.

6° Il continue de fouler avec les maniques & le roulet.

7° Il applique & fait prendre les piéces du plumet, si le Chapeau doit en avoir un.

8° Sinon il acheve de fouler au roulet & avec les maniques, jusqu'à ce que le Chapeau soit suffisamment rentré.

9° Il ébourre le Chapeau de partout & il le met en cloche pour le dresser.

10° Il met le Chapeau en coquille.

11° Il le met en forme.

12° Il abat le bord.

13° Il l'estampe, il l'égoutte de toutes parts, & il y met sa marque.

14° Il l'arrange avec les autres dans l'étuve pour sécher.

15° Son Chapeau étant sec, il le ponce de bord & de tête, & le rend au Maître.

QUATRIEME CHAPITRE.

De la Teinture, de l'Apprêt, de l'Appropriage & de la Garniture des Chapeaux.

Teinture.

Le Chapelier Teinturier ayant préparé son bain, donne au Chapeau les façons suivantes.

1° Il le robe de toutes parts avec un morceau de peau de chien de mer.

2° Il l'assortit sur une forme convenable.

3° Il lui donne successivement huit chaudes d'une heure & demie chacune, & autant d'évents de même durée.

4° Il le lave & le brosse à l'eau froide.

5° Il le lave & le brosse à l'eau bouillante.

6° Il l'égoutte de toutes parts avec la piéce.

7° Il le fait sécher à l'étuve.

8° Il brosse la teinture.

9° Il le lustre à l'eau froide.

10° Il le remet à l'étuve pour sécher.

L'Apprêt

L'apprêt & l'appropriage.

1° L'APPRETEUR garantit le bord du Chapeau, c'eſt-à-dire, qu'il commence par appliquer de l'apprêt aux endroits qu'il trouve foibles, en maniant le feutre.

2° Il apprête en plein la même face du bord.

3° Il met à la buée pour faire rentrer l'apprêt.

4° Il retire le poil à la broſſe & au carrelet.

5° Il apprête en tête, & met à ſécher.

6° Il dreſſe le Chapeau au fer.

7° Il le luſtre.

8° Il l'envoye à l'Ejarreuſe qui enleve le gros poil avec une pince.

9° Il le repaſſe au fer & à la broſſe.

10° Il arrondit l'arrête en retranchant avec des ciſeaux, ce qui rend le bord plus large dans un endroit que dans l'autre.

Garniture.

LE Chapeau doit être garni, 1° d'une coëffe de treillis ou de ſatin.

2° D'un lien, qui eſt un cordon, ou un bourdaloue.

3° De pluſieurs attaches pour le retrouſſer.

4° Aſſez ſouvent d'un galon que l'on coud tout autour du bord.

5° Quelquefois d'un plumet qu'il faut y attacher.

6° Si le Chapeau eſt retrouſſé à l'Angloiſe, en bonnet de poſte, ou en bonnet de chambre, on l'envoye ſouvent au Brodeur, pour y mettre les ornements dont il eſt ſuſceptible.

7° Après que le Chapeau eſt garni l'Approprieur le repaſſe encore au fer, & lui donne le dernier luſtre.

EXPLICATION DES FIGURES.

PLANCHE I.

La Vignette repréſente l'attelier dans lequel on prépare les matieres propres à fabriquer des Chapeaux. On y voit des tas de peaux dont on n'a point encore ôté le poil ; des monceaux de poils déja ſéparés du cuir ; des tonneaux couverts, dans leſquels on tient ces marchandiſes, pour empêcher que les inſectes ne les attaquent.

Fig. 1, l'*Arracheur*, c'eſt l'ouvrier qui enléve le *jarre*, ou poil groſſier des peaux de caſtor ; il eſt aſſis ſur une chaiſe de paille qui n'a point de dos ; *A* chevalet de bois arrondi par le deſſus, ſur lequel eſt étendue, ſuivant ſa longueur, & le poil en-dehors, la peau ſur laquelle il travaille.

Fig. 2, le *Tire-pied*, c'eſt une corde ou une courroie terminée par deux boucles : elle embraſſe le bout du chevalet le plus près de l'Arracheur, qui ayant paſſé ſes pieds dans les deux boucles, s'en ſert pour aſſujettir la peau.

Fig. 3, la *Plane*, eſpece de couteau à deux tranchants, garni d'un manche de bois à chaque bout, & avec lequel l'Arracheur enleve le jarre.

Fig. 4, *Couteau* de la Repaſſeuſe : il eſt emmanché avec du bois, & il eſt aſſez ſemblable au tranchet d'un Cordonnier, hors qu'il eſt tout droit, & qu'il eſt garni de linge ou de peau, à l'endroit où le manche joint la lame.

Fig. 5, *la Repaſſeuſe*, Ouvriere qui acheve d'arracher avec le couteau de la Fig. 4, le jarre qui eſt aux bords de la peau, où la plane de l'Arracheuſe n'a pu atteindre.

Fig. 6, l'*Arracheuſe*, Ouvriere, qui avec un couteau ſemblable à celui de la Repaſſeuſe, arrache le jarre aux peaux, &c.

Fig. 7, la *Broſſe* du Secréteur.

Fig. 8, le *Secréteur*, Ouvrier qui paſſe de l'eau ſeconde avec la broſſe de la Fig. précédente, ſur le poil des peaux de caſtors dont on a enlevé le jarre, & ſur celui des peaux de lapins, en tenant d'une main la peau aſſujettie avec un bâton.

Fig. 9, la *Coupeuſe*, Ouvriere qui coupe le poil de caſtor & de lapin après que le jarre eſt ôté, & qui le trie à meſure pour en former des tas de différentes qualités.

Fig. 10, *Couteau de la Coupeuſe*, eſpece de ciſeau emmanché avec du bois, & garni de linge un peu au-deſſous du manche, pour empêcher qu'il ne bleſſe la main de l'Ouvriere.

Fig. 11, les deux mains de la Coupeuſe deſſinées plus en grand, afin de rendre ſon action plus ſenſible.

Fig. 12, *Violon*, inſtrument compoſé de 16 cordes, dont on ſe ſert dans pluſieurs fabriques au lieu de baguettes, pour battre les mélanges de poils ou de laines qu'on veut employer à faire des Chapeaux.

A B, Bareau de bois auquel ſont attachées toutes les cordes à deux pouces de diſtance les unes des autres.

C D, deux Crochets de fer par le moyen deſquels on arrête le bareau *A B* au bas de la muraille de l'attelier.

E F, Piéce de bois courbe qui raſſemble toutes les cordes dans un eſpace de 15 pouces.

G, Manche de bois, long de 16 pouces, que l'Ouvrier prend à deux mains pour faire agir les cordes.

Fig. 13, le Violon mis en jeu ſur un tas de poil.

Fig. 14, le *Cardeur*, Ouvrier qui peigne le poil ou la laine avec des cardes, & qui le mêle de maniere qu'on ne peut plus diſtinguer les différentes matieres dont le mélange eſt compoſé.

PLANCHE II.

La Vignette repréſente l'Attelier où l'on arçonne, & où l'on prépare les piéces qui doivent entrer dans la conſtruction d'un Chapeau ; il eſt diviſé en trois caſes.

Dans la premiere à gauche, on voit à découvert la claie qui eſt ſur l'établi ; les balances avec leſquelles chaque Compagnon partage ſon étoffe ; des capades finies & pliées. L'Ouvrier qui a ceſſé de travailler a détendu, comme cela ſe pratique, la corde de ſon arçon, avant de le mettre de côté.

Le Compagnon de la ſeconde caſe fait agir l'arçon, il vogue ſon étoffe ; à ſa droite eſt le clayon qui lui ſert à la ramaſſer, à la preſſer légérement, & à régler le contour de la piéce qu'il a deſſein de former.

A la troiſieme caſe, l'Ouvrier marche la capade avec la carte, piéce de parchemin ſemblable à celle qui eſt attachée à la muraille ſur la droite.

Les Caſſettes qu'on apperçoit ſous les établis, doivent fermer à clef ; chaque Compagnon a la ſienne pour renfermer l'étoffe ou l'ouvrage qu'on lui a confié.

Fig. 15. *Arçon*, inſtrument avec lequel on acheve de diviſer, de raréfier, & de mêler la laine & le poil, quand ces matieres ont été baguettées & cardées.

A B, Perche de bois de ſapin, qui a environ huit pieds de longueur, & tout au plus deux pouces de diametre.

C *le Bec de corbin* ; c'eſt un morceau de bois plat & chantourné, qui a environ 8 pouces de ſaillie, avec une rainure en-deſſus pour recevoir la corde à boyau.

D, *le Panneau* ; c'eſt un bout de planche percé à jour, long de 14 pouces ;

ſur 8 de large ; ayant ſes deux petits côtés plus épais que le reſte.

E F, le *Cuiret*, laniere de cuir de caſtor, appliquée ſur le petit côté du panneau, & ſoulevé d'une ligne par une lame de bois, qu'on nomme *Chanterelle*.

G H, *Tirans* qui retiennent le cuiret ſur le petit côté du panneau.

I K, petits Leviers qui ſervent à bander les tirans, pour donner le ton à la chancerelle.

L, *L*, *L*, *Chevilles*, qui ſervent à recueillir & à bander la corde à boyau.

M, *Poignée*, dans laquelle l'Ouvrier paſſe ſa main, pour ſaiſir la perche, & manœuvrer l'arçon.

Fig. 16, la *Coche* ; c'eſt une eſpece de fuſeau de bois dur, long de 8 pouces & terminé par deux boutons taillés un peu en champignon : c'eſt avec cet inſtrument que la corde de l'arçon ſe met en jeu.

Fig. 17, l'Arçon en jeu : on voit comme il eſt ſuſpendu par le milieu de la perche ; & comment l'Ouvrier en le maniant de la main gauche, agit avec la coche qu'il tient de la main droite, pour mettre la corde en vibration.

Fig. 18, partie de la claie qui couvre chaque établi, deſſinée en grand, pour en faire remarquer la ſtructure, & la figure des mailles.

Fig. 19, le *Clayon*, petite Claie d'oſier fin & écorcé, garnie d'une poignée au milieu ; l'Arçonneur s'en ſert pour ramaſſer ſon étoffe, quand il l'a battue ou voguée, & pour la preſſer légérement avant de la marcher à la carte.

Fig. 20, figure & proportions d'une Capade.

A a, *B b*, *les Aîles* de la Capade.

A E B, l'*Arrête* de la Capade.

A D, *B D*, *les Côtés* de la Capade.

D d, *la Tête* de la Capade.

Fig. 21, Coupe ſuivant la longueur du tas d'étoffe qui doit former la Capade.

Fig. 22, Coupe ſuivant la largeur, du même tas d'étoffe.

Fig. 23, la Capade marchée à la carte & pliée en deux, une aîle ſur l'autre.

A G E, Arc de cercle, qui a ſon centre en *D*, & ſuivant lequel la capade doit être arrondie.

Fig. 24, Capade pliée pour être portée au baſtiſſage : on ſuppoſe qu'elle étoit déja pliée en deux, comme elle eſt repréſentée par la *Fig.* 23.

A I, Ligne ſur laquelle ſe fait le premier pli.

G H, Ligne ſur laquelle ſe fait le ſecond pli.

Fig. 25, Plan de la piéce qui doit donner les deux *Travers*.

A E B, l'un des Travers.

Fig. 26, la Piéce des deux Travers, roulée ſur elle-même de *B* en *E F*, & de *C* vers la même ligne *Fig.* 25.

g h, Ligne ſur laquelle on diviſe le double rouleau, pour avoir les deux Travers *C E B*, *C F B*, *Fig.* 25.

PLANCHE III.

PLANCHE III.

Dans la Vignette, on voit l'attelier du Baſtiſſage : comme ce travail ſe faiſoit autrefois ſur une platine de métal chauffée par un réchaut qui étoit deſſous ; pour ne point s'écarter de cet uſage par un excès oppoſé, on le fait encore pour les Chapeaux fins, dans un lieu où l'on entretient un certain dégré de chaleur, par le moyen d'un poîle, quand la ſaiſon eſt froide.

L'Ouvrier qui eſt à gauche marche les capades dans la feutriere avant de les aſſembler ; il en a un certain nombre ſous ſon établi, & il les prend deux à deux. On voit à côté de lui le petit ſeau qui contient de l'eau, dont il fait de temps en temps une légere aſperſion ſur ſon ouvrage, avec un bouquet de petit houx ou fragon, qui lui ſert de goupillon.

A droite eſt un autre Ouvrier qui travaille un Chapeau dont les capades ſont aſſemblées.

L'un & l'autre ſont tournés en face du jour.

Fig. 27, Ouvrier qui marche les capades deux à deux dans la feutriere, pour les mettre en état d'être aſſemblées.

Fig. 28, *la Feutriere* renfermant deux capades ; c'eſt un morceau de toile biſe bien ſouple, d'une aune de large & de cinq quarts de long.

Cc, *Dd*, grandeur de la Feutriere déployée, en ſuppoſant *CD* un peu plus bas.

AB, Ligne ſur laquelle on plie la Feutriere, pour renfermer les capades.

GK, *HI*, Lignes ſur leſquelles on plie les deux angles de la Feutriere, pour les amener, en *E* & en *F*.

Fig. 29, *Planche* 2. premiere maniere de plier, pour marcher les capades dans la Feutriere.

Fig. 30, ſeconde maniere de plier, pour marcher les capades dans la Feutriere.

Fig. 31, troiſiéme maniere de plier, pour marcher les capades dans la Feutriere.

Fig. 32, le *Lambeau* : c'eſt un morceau de papier épais & fort, mais ſans roideur, que l'on met avec quelques ſuppléments de pareil papier, entre les capades que l'on aſſemble, pour empêcher qu'elles ne s'attachent l'une à l'autre, à d'autres endroits qu'à ceux par leſquels on veut les joindre.

Fig. 33, une Capade couverte du lambeau & de ſes ſuppléments.

aD, le Lambeau.

bc, les Suppléments du lambeau.

AB, *AC* ; Côtés de la capade avant qu'ils ſoient rabattus ſur le lambeau.

ab, *ac*, Côtés de la capade, rabattus ſur le lambeau & ſur les ſuppléments.

Fig. 34, maniere d'appliquer les deux dernieres capades, lorſque les deux premieres ſont aſſemblées.

efg, le Chapeau composé de deux capades, & applati sur lui-même.

EFGh, troisiéme ou quatriéme capade appliquée sur le Chapeau applati.

Ee, *Ff*, *Gg*, quantités dont la nouvelle capade déborde les côtés du Chapeau applati.

fi, *fk*, *fh*, &c. Lignes par lesquelles on fait passer successivement le pli *fe* du Chapeau assemblé, pendant tout le travail du bastissage; ce qui s'appelle *décroiser*.

Fig. 35, Ouvrier qui *garantit* le Chapeau au bastissage, en mettant des morceaux d'*Estoupage* aux endroits qui lui paroissent foibles; il les reconnoît en pinçant légérement l'étoffe avec ses doigts, & en regardant le jour à travers l'épaisseur.

Fig. 36, application de la dorure.

LMNO, grandeur de chaque travers avant sa réduction.

lmno, l'un des travers réduit à la grandeur qu'il doit avoir.

RQ, Ligne sur laquelle on doit faire venir le côté *RO*, en décroisant, pour achever avec une bande de dorure, ce qui manque entre les deux travers.

Fig. 37, maniere de plier le bastissage pour le porter à la foule.

AB, Ligne sur laquelle se fait le premier pli.

EF, Ligne sur laquelle se fait le second pli, pour amener *D* en *c*.

EG, *FH*, Lignes sur lesquelles on plie les deux aîles, pour les porter l'une vers l'autre.

IK, Ligne sur laquelle se fait le dernier pli.

Fig. 38, *Planche* 2. le *Bastissage* entiérement plié, & prêt à être foulé.

PLANCHE IV.

DANS le haut de la Planche, on voit tout l'appareil de la foule : deux Ouvriers qui travaillent l'un en face, l'autre de côté, ont autour d'eux les outils dont ils ont coûtume de faire usage dans cet attelier.

Sur la droite, on voit une étuve qui reçoit la chaleur du fourneau de la foule, & dans laquelle on fait sécher les Chapeaux, quand ils sont finis de fouler.

Fig. 39, la Chaudiere de la foule; c'est un vaisseau de cuivre rouge, qui a environ 4 pieds de long, sur 14 pouces de large par en-haut; il a 15 à 16 pouces de profondeur, & les parois de ses quatre côtés vont en se rapprochant vers le fond.

Fig. 40, Plan de l'étuve & du fourneau de la foule.

ABC, le Fourneau qui est bâti en briques ou en tuileau, mis de chant.

A, l'Entrée du fourneau.

aa, *bb*, *cc*, *dd*, Barres de fer quarrées, sur lesquelles on pose le bois, pour chauffer le fourneau.

ef, le Fond de la chaudiere qui doit se trouver sept pouces au-dessus des barres de fer, qui servent de chenets.

DEFG, Maçonnerie dont le fourneau est revêtu.

O, l'Entrée de l'étuve.

AMNO, les Parois de l'étuve, avec leur épaisseur.

Fig. 41, Coupe de la foule suivant sa longueur.

efgh, la Chaudiere.

KL, Boutons qui retiennent le roulet, quand l'Ouvrier ne s'en sert pas.

P, Canal de communication, du fourneau à l'étuve; il se nomme *la Ventouse*.

QR, Tuyau par où sort la fumée, qui vient du fourneau dans l'étuve.

mn, Coulisse dans laquelle on fait glisser la *tuile*, pour retenir la chaleur, quand il n'y a plus de fumée à sortir.

tt, Chevillettes de fer, attachées aux parois de l'étuve, & auxquelles on accroche les formes qui portent les Chapeaux.

Fig. 42, Coupe de la foule, suivant sa largeur.

efgh, la Chaudiere, dont le rebord *gh*, est pris & arrêté dans la maçonnerie.

HI, *LM*, les deux Bancs de la foule.

KL, *kl*, Boutons qui retiennent le roulet, quand l'Ouvrier le quitte.

Fig. 43, Outils dont le compagnon Chapelier se sert à la foule.

A, le *Roulet*, c'est un morceau de bois tourné, qui a 18 à 20 pouces de long, sur 12 à 14 lignes de diametre; le milieu est un peu plus gros que le reste.

B, la *Jatte*; sebille ou écuelle de bois, qui peut contenir environ une pinte de liqueur.

C, la *Brosse*; elle est de poil de sanglier, & ressemble à celles dont on se sert pour frotter les parquets des appartements.

D, le *Choc*, plaque de laiton un peu courbe sur sa longeur, dont l'Ouvrier se sert pour frapper la corde autour du Chapeau quand il est sur la forme, & pour la faire descendre.

E, la *Piéce*, autre plaque de laiton, droite, & qui a le bord *E* aminci; cet outil sert à égoutter le Chapeau, c'est-à-dire, à en faire sortir l'eau & la lie, qui y entrent à la foule.

F, *Pince*, avec laquelle l'Ouvrier enléve les ordures, ou corps étrangers qu'il apperçoit à la superficie du Chapeau, à mesure qu'il le travaille.

Fig. 44, *Bastissage* applati sur lui-même; c'est-à-dire, un Chapeau, lorsque les capades viennent d'être assemblées, & qu'on l'applatit sur une table.

A, la Tête du bastissage; c'est cette partie qui sera le milieu de la tête du Chapeau, quand il sera achevé.

BCD, l'*Arête*: on nomme ainsi l'extrémité du bord d'un Chapeau.

EFG, le *Lien*: c'est l'endroit où le bord joindra la tête du Chapeau quand il sera dressé: c'est-là où doit être la plus grande épaisseur; le bastissage va en s'amincissant depuis la ligne *EFG*, jusqu'à la tête *A* d'une part; & de l'autre, jusqu'à l'arête *BCD*.

Fig. 45, Bastissage foulé en *tête*; c'est-à-dire, lorsqu'on le roule en partant du point *A* pour aller en *E* & en *B*.

Fig. 46, Bastissage foulé *en lien*; lorsqu'on le roule en portant le côté *AB*, vers *AD*, ou celui-ci vers l'autre.

Fig. 47, Bastissage foulé *en arête*; c'est lorsqu'on le foule en roulant sur la ligne *BCD*, ou qu'on fait aller de même la partie *D* vers C & vers *B*.

Fig. 48, Bastissage que l'on commence à fouler.

A a, désigne comment on plie la tête.

B b, fait voir de quelle maniere on plie l'arête.

C c, *D d*, montrent comment on plie les aîles.

Fig. 49, Bastissage que l'on *garantit* à la foule, & auquel on applique *les pointus*, qui font la dorure de la tête.

AB, maniere d'ouvrir le bastissage, & de replier son bord, pour tâter & examiner les endroits qui ont besoin d'être garantis, c'est-à-dire, garnis de quelques piéces d'étoupage.

CDE, *Pointus*, c'est-à-dire, une petite capade fort mince de castor, que l'on applique, pour dorer la tête du Chapeau.

Fig. 50, Bastissage presque achevé de fouler, & tel qu'il est, lorsque le Compagnon examine s'il est rentré suffisamment, & si le bord & la tête sont réduits à la grandeur qui leur convient.

F l, *I m*, partie destinée à faire la tête du Chapeau, & sur laquelle le Compagnon applique la base de la forme pour voir si cette partie est assez réduite.

lG m H, partie destinée à faire le bord du Chapeau, & dont le Compagnon doit mesurer la largeur aux endroits *lG*, *IK*, *mH*, pour voir si elle est égale par tout.

Fig. 51, Chapeau *en Cloche*; comparé au Chapeau dressé.

A B C, le Chapeau *en Cloche*; c'est lorsqu'il est achevé de fouler, qu'on l'ouvre, & qu'on le pose debout sur son bord.

fg b c, le Chapeau, quand il est *dressé*, c'est-à-dire, quand la tête est moulée sur une forme, & que le bord est rangé dans un plan, qui passe par la base de la forme, ou de la tête.

Fig. 52, le Chapeau *en Coquille*; c'est la figure qu'on lui fait prendre pour le dresser.

Fig. 53, Coupe diamétrale du Chapeau en coquille; pour faire entendre comment on forme les plis circulaires, qui le mettent dans cet état.

l k, l'Arête relevée.

m m, premier Pli, la pointe du Chapeau étant apportée d'*u* en *o*.

p p, second Pli, la pointe étant portée d'*o* en *n*.

q q, troisieme Pli, la pointe étant rapportée d'*n* en *r*.

t t, quatriéme Pli, la pointe étant portée d'*r* en *s*.

Fig. 54, la forme sur laquelle on moule la tête du Chapeau; c'est un morceau de bois d'orme pris suivant son fil, arrondi au tour sous une figure presque

cylindrique ;

cylindrique ; un peu plus menu cependant par le haut que par la base ; il a environ 4 pouces de haut, sur 6 à 7 pouces de diametre, au plus gros.

Fig. 55, Chapeau dressé, dont le bord n'est point encore abattu.

PLANCHE V.

On voit dans la Vignette, les différentes opérations du Teinturier.

A gauche est la Chaudiere qui contient le bain, ou la teinture préparée, avec les Chapeaux qu'on y a plongés ; deux Ouvriers les retirent un à un, & les posent sur le bord de la chaudiere ; un troisiéme les enléve à mesure, & les place sur des tablettes pour leur faire prendre l'évent.

A droite est la Foule du dégorgeage, où l'on voit un Ouvrier qui égoutte un Chapeau avec la piéce : il a derriere lui sur une planche, des formes à choisir : à côté de lui, est le billot sur lequel il frappe les formes pour les faire entrer dans les Chapeaux qu'il assortit ; & devant lui sur le bureau, est la brosse dont il se sert pour frotter les Chapeaux.

Au-dessous de cette Foule, on voit un puits & un grand cuvier, dans lequel se fait le lavage des Chapeaux, après qu'ils ont été tirés de la teinture ; le Laveur a auprès de lui une claie, ou un parquet formé de plusieurs planches, sur lesquelles il étend ses Chapeaux à mesure qu'on acheve de les laver.

Fig. 56, l'Avaloir ; c'est l'instrument avec lequel on presse la corde qui lie le Chapeau sur sa forme ; le bout a une rénure dans laquelle on engage la corde, afin qu'elle ne puisse point échapper, & l'Ouvrier le prenant par le manche qui est gros & court, appuie son pouce sur une espece d'oreille pratiquée au haut de l'instrument.

Fig. 57, Coupe diamétrale de la chaudiere du Teinturier, montée sur son fourneau.

ABC, le fourneau bâti en briques ou en tuileaux, & dont l'entrée est désignée par la lettre *A*.

DEFG, la Cuve, ou chaudiere, formée de plusieurs plaques de cuivre rouge.

HIKL, MNOP, Maçonnerie dont la chaudiere & le fourneau sont revêtus.

Q, *R*, *S*, *T*, les Jantes, ou piéces de bois, qui forment ensemble un cercle sur lequel est arrêté avec des clous, le bord plat de la chaudiere.

X, le Tuyau de la ventouse, qui porte au dehors la fumée du fourneau.

yy, Coulisse qui reçoit la tuile, quand on veut fermer la ventouse.

KINO, Banquette qui regne autour de la chaudiere, pour mettre les Ouvriers à portée de travailler commodément.

Fig. 58, maniere de retrousser & d'arranger les Chapeaux sur les tablettes, pour leur donner l'évent.

Fig. 59, le double fourneau de l'Apprêteur, représenté à droite en entier, & à gauche, par sa coupe de haut en bas.

A Fourneau couvert de la plaque de fer, de sa toile mouillée, & d'un Chapeau qui reçoit la buée.

B, Fourneau coupé diamétralement, pour laisser voir la grille du fond.

Au milieu, entre les deux fourneaux, est une petite marmite qui contient l'eau, & le bouquet de fragon, dont l'Apprêteur se sert pour mouiller la toile.

Fig. 60, (*Planche VI*). l'Apprêteur.

Fig. 61, Bloc ou petite table percée à jour au milieu, pour recevoir la tête d'un Chapeau qu'on apprête de bord.

Fig. 62, Brosse de l'Apprêteur.

Fig. 63, Chapeau nouvellement apprêté, saisi avec une fourche de bois, pour être accroché aux chevilles.

Fig. 64, Fer à repasser de l'Approprieur.

Fig. 65, deux fers à repasser, sur le réchaud long de l'Approprieur.

Fig. 66, Pince de l'Ejarreuse, c'est-à-dire, de l'Ouvriere qui ôte le poil grossier qui se montre à la surface du feutre, quand le Chapeau est fini d'apprêter.

PLANCHE VI.

La Vignette représente la boutique du Chapelier : à gauche on voit un Ouvrier qui applique l'apprêt au Chapeau ; devant lui est la marmitte qui contient cette espece de colle toute fondue, & entretenue chaude par un réchaud plein de feu, sur lequel elle est posée : il travaille sur un bloc, & il a à côté de lui une table avec des formes.

A droite dans la même Vignette, on voit une Ouvriere qui garnit un Chapeau, & un Cavalier qui en essaye un devant le miroir ; de tous côtés sont des Chapeaux en piles, ou accrochés à des clous, les uns tout-à-fait finis, les autres, prêts à être garnis.

Fig. 67, piéce de Treillis, propre à faire des coëffes de Chapeaux.

a b c, partie que l'on retranche avant que de tailler des tours de coëffes.

a c d e, *d e f g*, Bandes à tailler de biais, pour faire des tours de coëffes.

h i k l, *m h n k*, Bandes à tailler en travers de la toile, pour faire des fonds de coëffes.

o p q r, *o p k l*, deux Carrés dont chacun fait deux fonds de coëffe ; parce que la toile est double.

h i q r, Demi-carré qui fait un fond de coëffe, parce que la toile est pliée en deux sur la ligne *h i*.

Fig. 68, Chapeau retroussé à trois cornes égales.

Fig. 69, Attache composée d'une double ganse, d'un clavier & d'une porte.

Fig. 70, une double Ganse avec le bouton.

Fig. 71, Chapeau retroussé à l'Angloise.

a b, *c d*, Ganse qui attache le bord à la tête du Chapeau.

Fig. 72, Chapeau à grand bord, retroussé, avec une des trois cornes courte & relevée.

Fig. 73, Chapeau à petit bord, avec la corne de devant fort large : & un bourdaloue à rosette.

Fig. 74, Chapeau en cabriolet.

Fig. 75, Bonnet à l'Angloise.

Fig. 76, maniere de découper le bord du Chapeau en cabriolet.

Fig. 77, maniere d'échancrer le bord pour retrousser le Bonnet à l'Angloise.

Fig. 78, Bonnet de poste.

a b d e, Contour des capades avec lesquelles on fabrique le Bonnet de poste.

Fig. 79, Calotte à oreilles.

Fig. 80, Pelotte couverte de pluche, pour lustrer les Chapeaux.

Fig. 81, Compas du Chapelier.

AB, Tuyau de cuivre, qui porte une division avec laquelle on prend la mesure du bord d'un Chapeau.

CD, Tige qui glisse avec frottement, dans la piéce *AB*, & qui porte la division, avec laquelle on mesure le diametre de la tête du Chapeau.

Fig. 82, (*Planche V*). Foule de dégorgeage. Voyez ce qui en a été dit touchant la Vignette de cette Planche, pag. 85.

SUPPLÉMENT

CONCERNANT

L'HISTOIRE DE LA CHAPELERIE.

L'USAGE des Chapeaux en France ne remonte point au-delà de trois siécles : Charles VII ayant repris Rouen entra dans cette ville, coëffé d'un Chapeau ; voilà le premier dont l'histoire fasse mention. Si notre nation a toujours aimé les nouveautés comme elle les aime aujourd'hui, on doit croire que cet exemple a été promptement suivi. Le Chaperon qui étoit alors la coëffure commune des François fut abandonné par tous les particuliers, qui n'étant assujettis à aucun uniforme, se trouverent libres de se coëffer à la nouvelle mode ; les Ecclésiastiques, les Religieux, les gens de loi & les suppôts de l'Université, le garderent plus long-temps : nous le reconnoissons encore (quoiqu'il ait bien changé de forme) dans le Capuchon, dans le Camail, & même dans le Bonnet carré & la Chausse des Docteurs : car le Chaperon dans ces temps-là, couvroit la tête & flottoit du reste sur les épaules. On a commencé par séparer ces deux parties ; on s'est couvert la tête d'un bonnet, auquel on a fait quatre pinces par en-haut pour le prendre commodément ; & l'on a ramassé la partie flottante sur une seule épaule, le tout étant composé, comme auparavant, de quelque étoffe, qui est devenue une marque distinctive par sa qualité ou par sa couleur.

Indépendamment des attraits de la nouveauté, on fut porté par des motifs raisonnables, à préférer le Chapeau au Chaperon ; aucune étoffe ourdie n'est capable comme le feutre de résister à l'eau & à l'ardeur du soleil ; & ce grand bord qu'on peut abattre devient au besoin, une espece de parapluie qui vaut toujours mieux qu'un collet ou une rotonde de drap ou de camelot.

Il ne faut pas croire cependant que les Chapeaux ayent été d'abord tels qu'ils sont aujourd'hui, ni pour la couleur, ni pour la forme. Il y a encore des provinces en France où les gens de la campagne en portent, qui n'ont jamais été teints : & nous voyons par les habillements des Acteurs comiques, qui empruntent le ridicule des usages surannés, que nos peres ont porté des Chapeaux, qui différoient beaucoup des nôtres, tant par la tête que par le bord. Les Chapeliers ont été obligés plus d'une fois de renouveller & de changer les formes sur lesquelles ils moulent les Chapeaux : on vouloit d'abord que le dessus de la tête fût

fût convexe ; après cela on a mieux aimé qu'il fût tout-à-fait applati. Aujourd'hui l'on veut bien qu'il soit plat, mais on demande que l'angle soit arrondi à l'endroit où il joint le tour de la tête, & tandis qu'on le fait ainsi pour nous, le Prêtre Espagnol exige que cet angle, au lieu d'être arrondi, soit au contraire très-vif, & que le tour de la tête, au lieu d'être cylindrique, soit creux du milieu. Quels changements n'a point éprouvés le bord du Chapeau depuis quelques années seulement? Tel qui avoit acheté un Chapeau à la mode, de six pouces de bord, n'a pas pu l'user qu'il n'en fît supprimer le tiers ou la moitié pour être coëffé comme le plus grand nombre.

Comme les nouvelles inventions ne se présentent point d'abord avec toute la perfection dont elles sont susceptibles, je croirois volontiers que les premiers Chapeaux feutrés, n'ont été au commencement, que des bonnets pointus dont on relevoit le bord tout autour. Si ma conjecture est juste, le Chapeau étoit fini lorsqu'il étoit *en cloche* ; c'est-à-dire, lorsqu'il étoit foulé jusqu'au terme où on le prend pour le dresser. On aura imaginé ensuite d'abattre le bord dans le plan qui passe par la base de la tête pour mettre les épaules à couvert, sauf à le tenir relevé avec des attaches, dans le beau temps, ou pour la jeunesse : & puis cette pointe superflue & incommode, qui surmontoit la tête aura été tronquée de plus en plus, à mesure que l'on aura trouvé les moyens de la rabaisser en l'élargissant.

Avant l'usage du castor & des autres poils fins, les Chapeaux étoient si grossiers, que les gens du bon air les faisoient couvrir de velours, de taffetas, ou de quelqu'autre étoffe de soie ; on ne les portoit nuds que par œconomie, ou pour aller à la pluie.

Quelque progrès qu'ait pû faire l'usage des Chapeaux en France, il se passa un temps assez considérable, avant que les Chapeliers fissent corps entr'eux, & que leur Art fût assujéti à des Réglements. Ce fut Henri III qui leur donna les premiers, en 1578. Ils en obtinrent la confirmation d'Henri IV au mois de Juin 1594, & de Louis XIII, avec quelques changements au mois de Mars 1612. Enfin, ces mêmes Réglements furent rédigés de nouveau en 38 articles, & autorisés sous le regne de Louis XIV. par Lettres-Patentes du mois de Mars 1658. Je me dispenserai de les rapporter ici en entier, parce qu'ils sont imprimés avec d'autres piéces concernant la Communauté des Maîtres Chapeliers, dans un petit volume qu'on peut aisément se procurer (*a*). J'observerai seulement que parmi ces 38 articles, il y en a quelques-uns dont les progrès de l'Art, & les circonstances du temps on comme affranchi les Chapeliers, & que personne d'entr'eux n'observe plus. Tel est, par exemple, le Ve, qui ordonne pour chef-d'œuvre, un Chapeau d'une livre de mere-laine

(*a*) Articles, Statuts, Ordonnances & Réglements des Gardes-jurés, anciens Bacheliers & Maîtres de la Communauté des Chapeliers de la ville, fauxbourgs, banlieue, Prévôté & Vicomté de Paris.

cardée, teint & garni de velours ; un Aspirant, qui ne seroit capable que d'un tel ouvrage (qui d'ailleurs n'est plus d'usage) ne mériteroit pas aujourd'hui qu'on le reçût Maître. Tel est encore l'article XXIIIe, qui défend de faire aucun Chapeau, *dit castor, qui ne soit de pur castor*. Cette marchandise est devenue si peu commune & si chere, qu'on ne fait plus de tels Chapeaux, que pour ceux qui les commandent expressément ; & l'on ne laisse pas que de nommer *castors*, ceux où l'on fait entrer quelque partie d'autres poils.

Suivant le Xe article desdits Réglements, la Communauté des Maîtres Chapeliers de Paris, est régie par un *grand Garde*, & trois *Jurés*, dont l'élection se fait à la pluralité des voix, tous les deux ans, le 15 Septembre, pardevant le Procureur du Roi au Chêtelet, avec prestation de serment de leur part. On choisit toujours le grand Garde parmi les anciens Jurés, & les trois autres doivent avoir chacun 10 ans de Maîtrise au moins. Les fonctions de ces quatre Officiers sont, de veiller à l'exécution des Réglements, d'assister aux chefs-d'œuvre ; de faire les visites chez les autres Maîtres, pour prévenir & empêcher toutes contraventions, & généralement de faire en justice & ailleurs toutes les démarches qu'exigent les intérêts de la Communauté : afin qu'ils puissent y donner le temps nécessaire, ils sont exempts, pendant les deux années d'exercice, de toutes commissions de ville & de justice, tant ordinaires qu'extraordinaires.

L'apprentissage est de cinq ans, après lesquels il faut encore avoir travaillé pendant quatre années chez les Maîtres en qualité de Compagnon, pour être admis à la Maîtrise. Les fils de Maîtres y sont reçus gratuitement, & sont dispensés de tout chef-d'œuvre : les Apprentifs de ville qui épouse des veuves, ou des filles de Maîtres, ne payent que le tiers des droits, c'est-à-dire, une somme de 200. liv. ou à peu-près. Les veuves jouissent des priviléges de la Communauté, pendant leur veuvage seulement, à moins qu'elles n'épousent en secondes nôces des Maîtres Chapeliers.

Autrefois les Compagnons Chapeliers avoient une Confrairie, qui leur donnoit lieu de s'assembler à certains jours marqués dans l'année, & par extraordinaire, lorsqu'ils avoient à délibérer entr'eux : les Maîtres ont prétendu qu'ils en abusoient, pour leur faire la loi, tant sur le prix des ouvrages, que sur le choix & l'emploi des Ouvriers, & ils en ont porté leurs plaintes. Par une Déclaration du Roi donnée en 1704, il fut expressément défendu aux Compagnons Chapeliers de faire aucune assemblée en quelque endroit que ce fût, sous prétexte de Confrairie ou autrement : & par des Lettres-Patentes sur Arrêt du 2 Janvier 1749, la même défense leur fut réitérée, avec celle de quitter sans congé les Maîtres chez qui ils travaillent, & avant d'avoir achevé les ouvrages commencés ; de cabaler entr'eux pour se placer les uns les autres chez tels ou tels Maîtres, ou pour en sortir : d'empêcher de quelque maniere que ce ſoit leſdits Maîtres de choiſir eux-mêmes leurs Ouvriers, ſoit François, ſoit Etrangers, ſous peines de cent livres d'amende.

Voilà, je crois, ce qu'il y a de plus intéreſſant dans l'hiſtoire de la Chapélerie : ce Supplément avec ce que j'en ai dit par occaſion dans différents endroits de cet ouvrage, ſuffira pour le plus grand nombre des Lecteurs qui ſeront peut-être plus curieux de connoître l'Art tel qu'il eſt aujourd'hui, que d'apprendre de point en point, comment il eſt parvenu à ſa perfection, & comment il s'y maintient.

ADDITION pour la page 61. immédiatement avant l'article qui commence par ces mots : *C'eſt le même Ouvrier qui apprête, &c.*

J'AI dit précédemment qu'on peut fabriquer, avec un tiers de ſoie & deux tiers de poil, & même avec moitié ſoie & moitié poil ſécrété, des Chapeaux qui s'arçonnent, ſe baſtiſſent, ſe foulent, & ſe finiſſent comme ceux de pur poil ; je puis ajoûter qu'ils vont bien à la teinture, parce que je les y ai ſuivis, & mis à l'épreuve enſuite ; mais je dirai avec la même impartialité, qu'ils ne réuſſiſſent pas auſſi bien aux apprêts ordinaires : ils les reçoivent avec la même facilité, & les gardent de même ; mais s'ils ſont mouillés enſuite par la pluie ou autrement, ils deviennent forts durs, & ont peine à reprendre de la ſoupleſſe : c'eſt un défaut qui ne me paroît pas ſans remede ; c'eſt au Chapelier intelligent à étudier quelque compoſition d'apprêt plus convenable à cette étoffe, & à n'en faire entrer dans le Chapeau, que la quantité néceſſaire pour le contenir.

FIN.

TERMES USITÉS DANS LA CHAPELERIE,

Avec des renvois aux endroits de cet Ouvrage, où ils sont employés & expliqués.

CHEVILLETTES

D

E

F

G

I

L

M

N

O

P

R

S

T

V

FAUTES A CORRIGER.

Page 64. *ligne* 1. Ouvriers, *lisez* Ouvrieres.
66...... 14. à la bourdaloue, *lisez* au bourdaloue.
68...... 1. forme, *lisez* Cloche.
80...... 36. A E B, *lisez*, C E B.

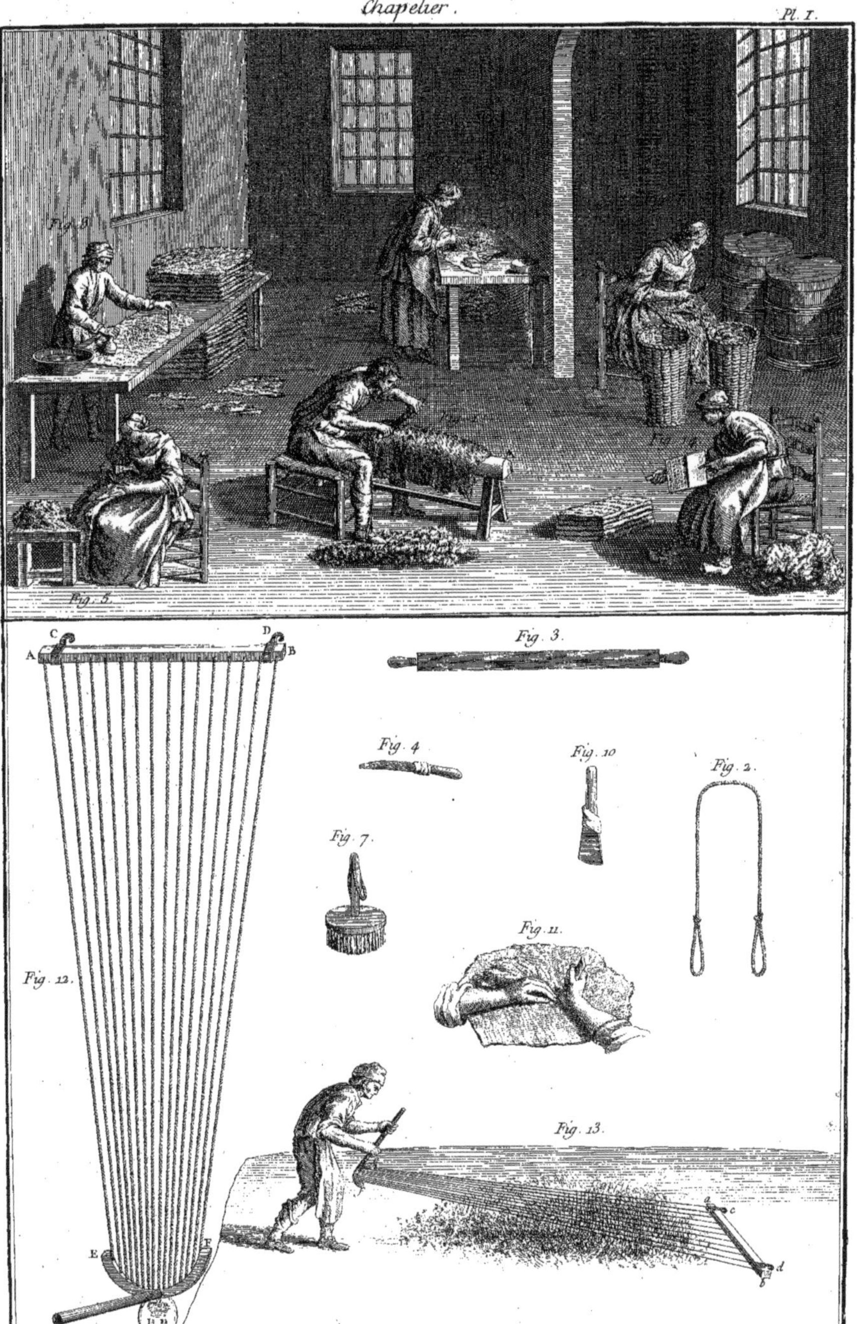
Fig. 8
Fig. 5
Fig. 3
Fig. 4
Fig. 10
Fig. 2
Fig. 7
Fig. 11
Fig. 12
Fig. 13
A
B
C
D
E
F
a
b
c
d

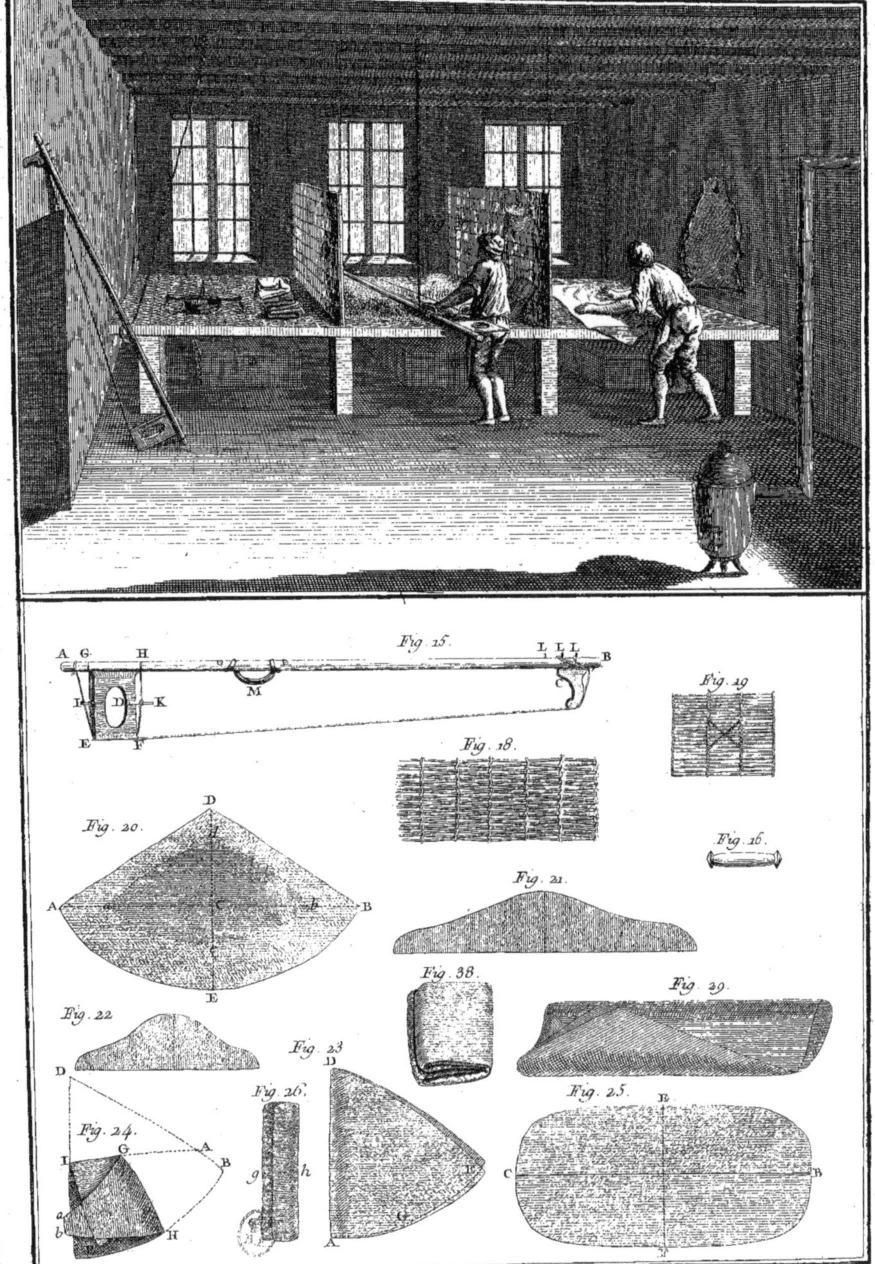
Fig. 15.
A G H L L L B
I D K
M
C
E F
Fig. 19
Fig. 18.
Fig. 20.
D
A C b B
E
Fig. 16.
Fig. 21.
Fig. 38.
Fig. 29.
Fig. 22
Fig. 23
D
Fig. 26.
g h
Fig. 25.
E
C B
Fig. 24.
D
I G A B
a
b
H
A

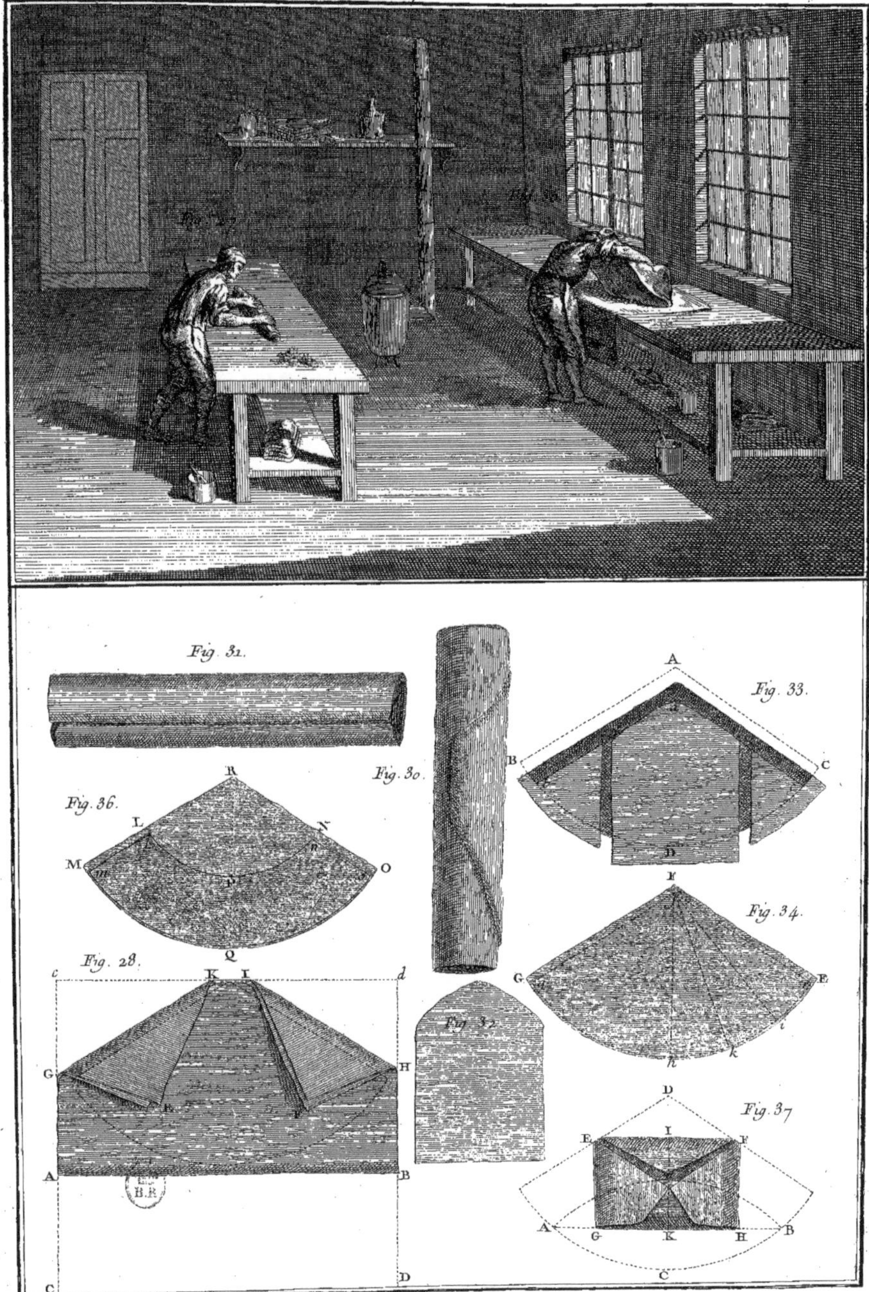
Fig. 31.
Fig. 30.
Fig. 33.
Fig. 36.
Fig. 34.
Fig. 28.
Fig. 32
Fig. 37

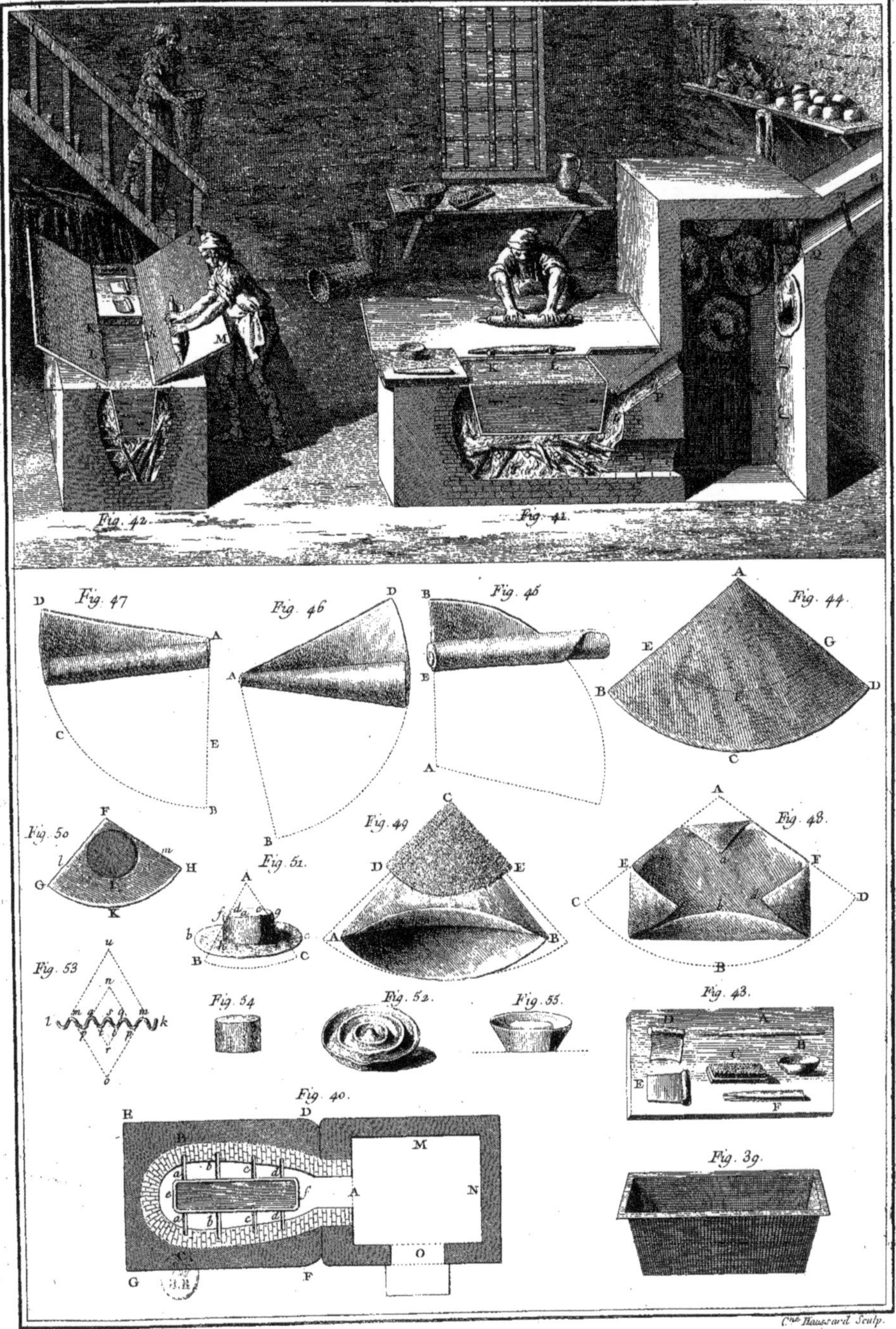

Cne Baussard Sculp.

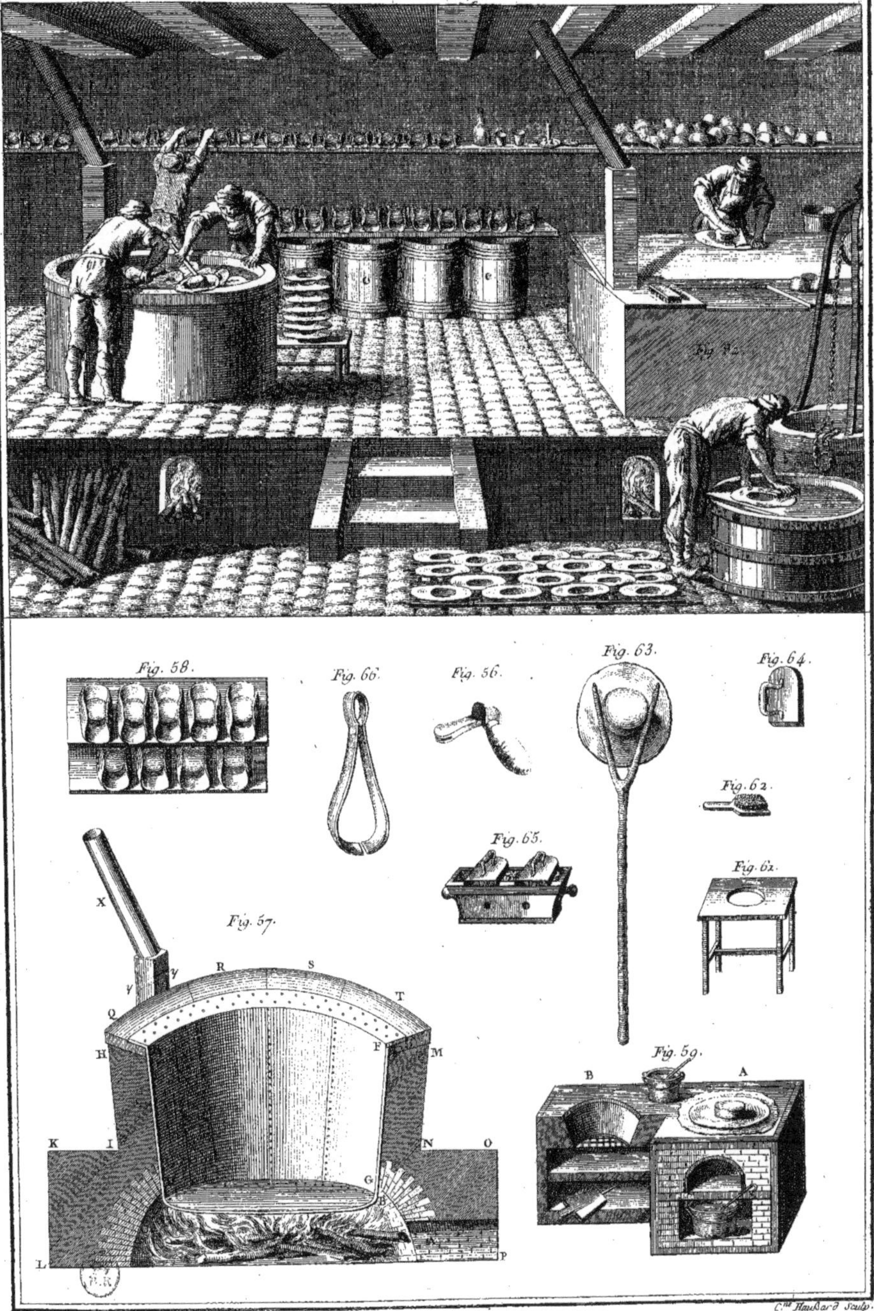

C.ne Haussard Sculp.

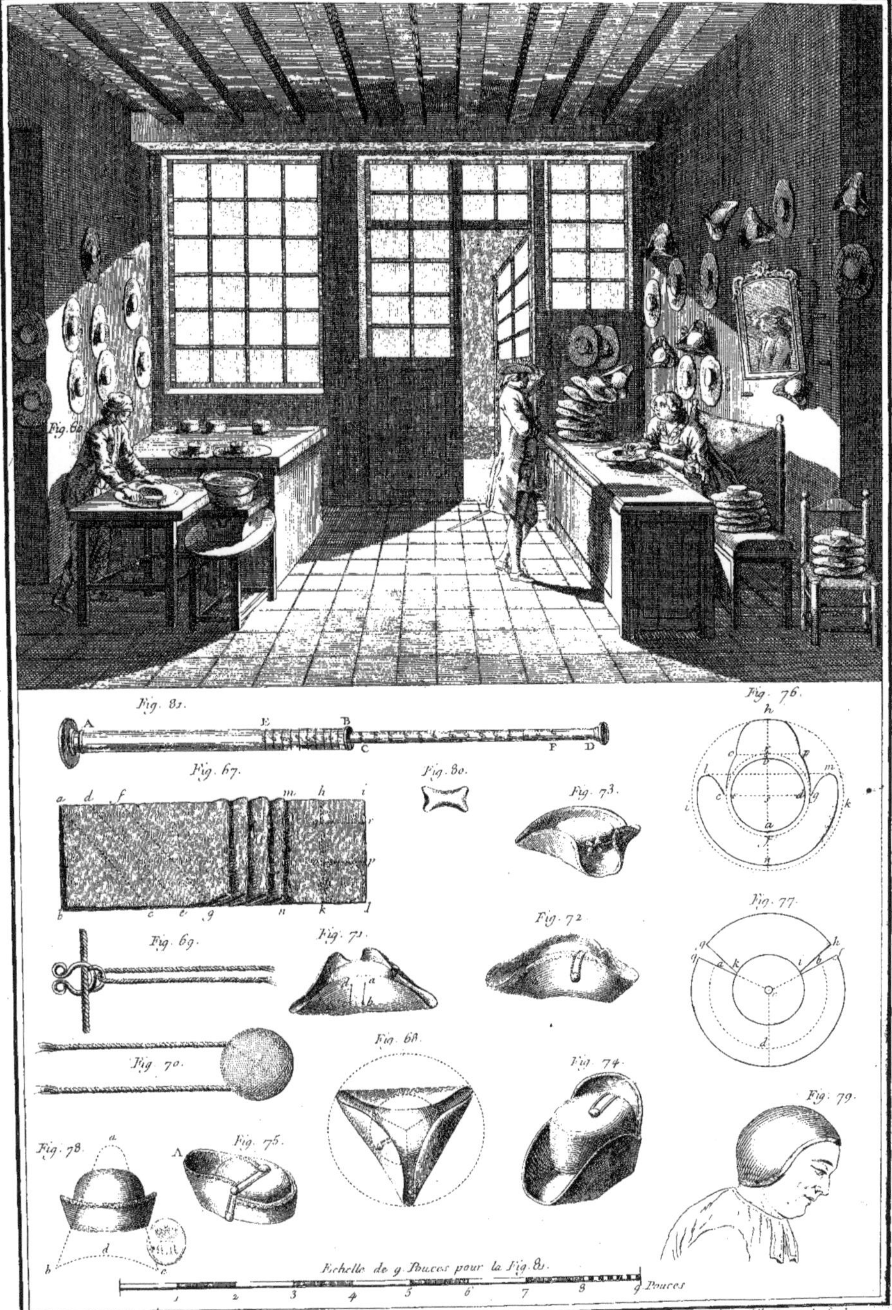
Fig. 81.
Fig. 76.
Fig. 67.
Fig. 80.
Fig. 73.
Fig. 77.
Fig. 69.
Fig. 71.
Fig. 72.
Fig. 68.
Fig. 70.
Fig. 74.
Fig. 79.
Fig. 78.
Fig. 75.
Echelle de 9 Pouces pour la Fig. 81.
1 2 3 4 5 6 7 8 9 Pouces

www.ingramcontent.com/pod-product-compliance
Ingram Content Group UK Ltd.
Pitfield, Milton Keynes, MK11 3LW, UK
UKHW022117190726
13855UKWH00003B/912